Dagmar Schmid

Longieren

sinnvoll und richtig

Kosmos

Mit 18 Farbfotos von: Felix von Döring, Hamburg (S.33 unten), 34 oben links und oben rechts, 52, 53, 54, 71, 72), Dagmar Schmidt, St. Michaelisdonn (S. 34 unten links und unten rechts, 51 oben und unten), Sabine Stuewer, Darmstadt (S. 33 oben), sowie 52 s/w-Illustrationen von Cornelia Koller, Schierhorn.

Umschlaggestaltung von Atelier Jürgen Reichert, Stuttgart, unter Verwendung der Fotos von Felix von Döring, Hamburg (vordere und hintere Umschlagseite).

Die Deutsche Bibliothek – CIP-Einheitsaufnahme

Schmidt, Dagmar :
Longieren : sinnvoll und richtig ; [Extra: Tips für Pferde mit Rückenproblemen] / Dagmar Schmidt. - Stuttgart : Kosmos, 1998
ISBN 3-440-07633-4

ISBN 3-440-07633-4
Lektorat: Katja Metzler
Printed in Germany/Imprimé en Allemagne
Satz: TypoDesign, Würzburg
Druck und Binden: Huber KG, Dießen

Longieren

Für Claus und Fritz,
meine wichtigsten Reitlehrer

»Besser gut longiert als schlecht geritten«

... sagte mein Reitlehrer, bei dem es Spaß machte, zuzuschauen, wenn er Pferde longierte. Es ging ruhig und sachlich zu. Die Arbeitsstimmung war freundlich. Die Pferde arbeiteten gern mit. Sie gingen eifrig, zufrieden schnaubend, locker und entspannt. Sie wurden viel gelobt und wieder in den Stall oder auf die Weide entlassen, bevor sie müde wurden oder ihre Konzentration nachließ.

Aber – nicht selten sieht Longieren ganz anders aus: Das Pferd umkreist den Menschen in wilder Hektik. Wild buckelnd tobt es sich munter aus und hat alles im Sinn, nur nicht, den Kommandos des Longenhalters in irgendeiner Weise zu folgen. Möglicherweise hat es Angst vor der Peitsche oder der ungewohnten Anforderung und ist auf der Flucht. Dabei wird ihm mit der Longe die Trense halb aus dem Maul gezogen. Es lernt, daß die Kommandos des Menschen nichts bedeuten oder daß die Arbeit furchteinflößend und schrecklich ist.

Andererseits hat man manchmal den Eindruck, als würde sich bei dieser Arbeit vieles bewegen, nur nicht das Pferd. Gebrüllte Kommandos verhallen unbeachtet. Es wird ständig geschnalzt oder mit der Peitsche wild herumgefuchtelt. Dem schon lange abgestumpften Pferd ist das alles relativ egal. Es zieht schlurfend seine eierähnlichen Kreise. Hinterher ist der Mensch mehr geschafft als sein Pferd.

Spätestens bei diesen beiden – sicherlich extremen – Negativsituationen wird klar: Richtiges, sinnvolles und korrektes Longieren als gute Arbeit mit dem Pferd ist nicht ganz einfach.

Aber es lohnt sich, es zu erlernen und mit seinem Pferd zu üben. Sein Pferd in der Bewegung zu beobachten, macht einfach Spaß. Im Verlauf des Trainings wird es lockerer, entspannt sich bei der gymnastizierenden Arbeit. Es geht schwungvoller, im Takt, korrekt gebogen und losgelassen. Wir kommunizieren immer feiner und harmonischer miteinander, und das Pferd lernt, dem Ausbilder gehorsam zu vertrauen.

Der Weg dorthin wird in diesem Buch beschrieben.

Dagmar Schmidt

Gymnastik für das Reitpferd

»Das Pferd muß den Reiter richtig huckepack nehmen – wie ein Wanderer seinen Rucksack.«

Die Natur hat den Reiter nicht eingeplant

Von einem Pferd in freier Bewegung ist der Betrachter meist fasziniert. Es läuft locker und geschmeidig, spielt wendig mit seinen Artgenossen. Eine fast unbändige Energie und Kraft scheint in ihm zu stecken.

Jeder Reiter träumt davon, daß sich sein Pferd so locker, geschmeidig und kraftvoll auch unter ihm bewegt. Es ist fast nicht vorstellbar, daß es irgendein körperliches Problem geben könnte, wenn sich ein Mensch auf den Rücken dieses kräftigen Tieres setzt. Trotzdem müssen Pferde dafür gymnastiziert werden.

Warum eigentlich?

Pferde sind von Natur aus nicht dafür geschaffen, geritten zu werden. Auch wenn man sie nur selten oder, wie oft gesagt, nur freizeitmäßig nutzt: die Reiterlast ist unnatürlich.

Das Gewicht des Reiters plus Sattel, Kleidung und möglicherweise auch noch Gepäck ist beträchtlich. Als Reiter verlangt man eine große sportliche Leistung von seinem Pferd, und dazu muß es trainiert sein. Trainiert heißt: für die unnatürliche Last gut und ausreichend bemuskelt und entsprechend gekräftigt. Das Pferd muß lernen, seinen Reiter richtig zu tragen, ergonomisch richtig. Kein Pferd bringt diese Fähigkeit von Natur aus mit. Die Verantwortung liegt beim Ausbilder und Reiter, dafür zu sorgen, daß das Pferd dahingehend ausgebildet, trainiert und korrekt geritten wird.

Die Rückenbrücke: Anatomische Grundlagen

Der Reiter sitzt auf dem Rücken des Pferdes, und gerade dieser ist empfindlicher, als man es bei einem derart kräftigen Tier eigentlich vermutet.

Der Rücken ist einer Hängebrücke vergleichbar, mit den Vorder- und Hintergliedmaßen als Stützpfeilern. Der vordere Stützpfeiler wird gebildet aus den Vorderbeinen, den Schultern und deren Muskeln sowie den ersten Brustwirbeln. Der hintere Stützpfeiler besteht aus Hinterbeinen, dem Becken und Kreuzbein. Natürlich muß man auch mit den Stützpfeilern schonend umgehen. Sehnen und Bänder müssen langsam gefestigt, Muskeln allmählich aufgebaut werden.

Die Wirbelsäule, die die Grundlage des Skeletts darstellt, ist zentraler Teil des Rückens. Sie wird aus einer Reihe ähnlich aufgebauter Wirbel gebildet, die unterschiedlich sind in Größe und Form. Das Pferd hat sieben Hals-, achtzehn Brustwirbel, sechs Lenden-, fünf Kreuzbein- und etwa zwanzig Schwanzwirbel. Jeder einzelne Wirbel besteht aus einem Wirbelkörper. Dorn- bzw. Querfortsätze stehen vom Wirbelkörper ab, nach oben bzw. zu beiden Seiten. Die Beweglichkeit der verschiedenen Abschnitte der Wirbelsäule wird dadurch bestimmt. Zwischen den einzelnen Wirbeln und den Fortsätzen gibt es gelenkige Verbindungen. Die nach oben gerichteten Dornfortsätze der Wirbel zeigen im Bereich der Brustwirbelsäule nach hinten, Richtung Schweif. Ab der Brustwirbelsäule neigen sie sich bis zum letzten Lendenwirbel leicht nach vorn.

Die vom Reiter belastete Rückenbrücke wird aus der Brust- und Lendenwirbelsäule gebildet.

Die vom Reiter belastete Rückenbrücke zwischen den genannten Stützpfeilern wird aus der Brust- und Lendenwirbelsäule gebildet. Sie ist von Natur aus leicht nach oben aufgewölbt. Zwischen dem Widerrist und der Kruppe ist sie jedoch eher flach und erscheint sogar nach unten abgesenkt. Dies wird durch die langen, nach oben gerichteten Dornfortsätze der Wirbelkörper am Widerrist

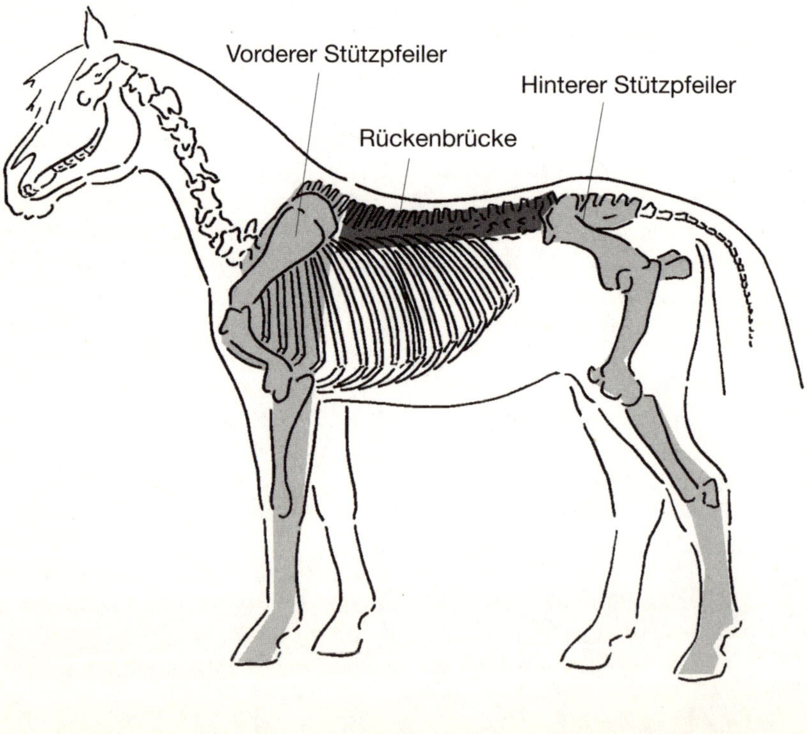

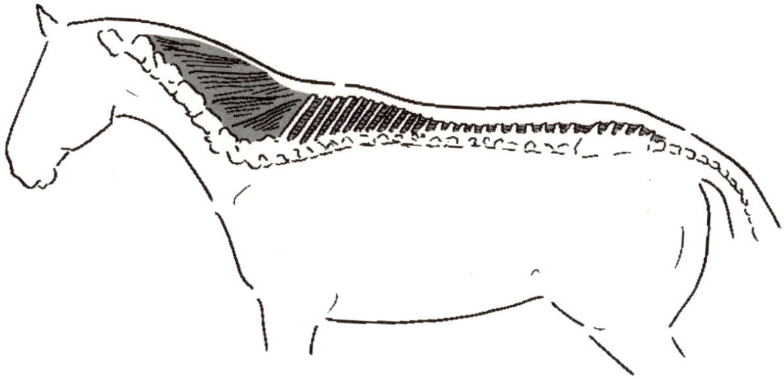

Das Nacken-Rücken-Band besteht aus großen und langen Muskelpartien.

hervorgerufen, also den ersten Wirbeln der Brustwirbelsäule. Die Aufwölbung der Brust- und Lendenwirbelsäule macht den Rücken tragfähig, was durch ein horizontales Zugband und horizontale Zwischendornbänder noch verbessert wird. Das große Zugband heißt Nacken-Rücken-Band oder kurz Nackenband und besteht aus großen und langen Muskelpartien. Elastisch wird damit die Bespannung der Hängebrücke gebildet.

Grundsätzlich ist das Pferd aufgrund dieser Rückenkonstruktion in der Lage, auch einen schweren Menschen zu tragen. Wichtig ist es aber, daß ein Pferd dies unbeschadet ein möglichst langes Reitpferdeleben lang tun kann. Dies ist nur möglich, wenn die entsprechenden Muskeln durch richtiges Training auf die Last eines Reiters vorbereitet werden. Außerdem wird es nur bei ergonomischem Tragen der Last annähernd dahin kommen, sich mit Reiter so zu bewegen, wie es dies sonst nur ohne ihn kann.

Huckepack: Ergonomisches Tragen

Ohne entsprechendes Training der Muskeln des Rückens biegt sich die Hängebrücke bei Belastung durch ein Reitergewicht nach unten durch. Der Rückenmuskel zieht sich zusammen, die Rükkenbrücke wird starr. Das Pferd macht ein Hohlkreuz. Es drückt den Unterhals vor, stellt die Hinterbeine nach hinten heraus.

Der Rückenmuskel verspannt sich allmählich immer mehr, und Geschmeidigkeit und Losgelassenheit der Bewegungen des Pferdes sind beeinträchtigt. Irgendwann sind die Verspannungen schmerzhaft, und Reitprobleme beginnen.

Bei fortwährendem Absenken der Rückenbrücke nähern sich die nach oben gerichteten Dornfortsätze immer mehr an, bis sie sich sogar berühren. Man spricht von den »Kissing Spines«. Durch Reibung der Knochenenden aneinander entstehen Entzündungen, weitere Schmerzen und letztendlich Verknöche-

Rückenschmerzen verursachen Untugenden und Reitprobleme

Zu ihrem eigenen Unglück haben Pferde keine Lautäußerungen wie Schreien, Stöhnen, Jaulen, Quietschen oder Wimmern, um ihren Schmerz kundzutun. Man stelle sich nur vor, welche Geräuschkulisse sich bei einem harten Turnier ergeben könnte, oder wie qualvoll das Pferd stöhnen würde, wenn sich sein schwergewichtiger Reiter ungelenk in den schlecht sitzenden Sattel fallen läßt.

Statt dessen versuchen Pferde, es uns auf andere Weise mitzuteilen, daß es ihnen mit unserer Reiterei nicht gut geht. Unerkannt tun wir dieses Verhalten leider oft als Frechheit oder Untugend ab.

Rückenschmerzen können die Ursache für folgende Verhaltensweisen und Probleme beim Reiten sein:

- Unruhe oder Wegtreten beim Berühren der Sattellage oder des Rückens: Fast unmerklich bis erschreckend deutlich drückt das Pferd den Rücken nach unten weg.
- Widerstand, Beißen oder Ausschlagen beim Satteln.
- Beim Aufsteigen des Reiters: hektisches Loslaufen, möglicherweise sogar hinten leicht schwankend.
- In Ruhe wird immer wieder dasselbe Bein deutlich nach hinten weggestellt.
- Unregelmäßiger Takt, undefiniertes und wiederkehrendes Lahmen.
- Die Hinterbeine laufen steif hinterher, ohne daß das Pferd gut unter seinen Schwerpunkt tritt.
- Gesprungene, unharmonische Übergänge in eine andere Gangart.
- Häufiges Kopfschlagen, Wegreißen der Zügel, Verkriechen hinter dem Zügel oder Vordrücken des Unterhalses.
- Das Pferd ist enorm triebig, will nicht vorwärts gehen.
- Im Trab oder Galopp stürmt es wie von Sinnen davon, mit durchgedrücktem Rücken und hoch erhobenem Kopf.
- Beim Leichttraben wird der Reiter vom Pferd permanent auf den gleichen Hinterfuß umgesetzt.
- Mühsames Angaloppieren: Anschließend rast das Pferd los oder verfällt sofort wieder in einen holprigen Trab.
- Brettartiger Galopp, klingt wie ein unrhythmisches Stampfen, für den Reiter extrem schwer zu sitzen.
- Buckeln oder Steigen.
- Schief gehaltener Schweif, nicht ruhig in der Bewegung pendelnd.
- Verkrampfte und stoßartige Atmung des Pferdes: Es schnaubt auch nach längerem Reiten nie wohlig entspannt ab.

rungen. Die Wirbelsäule wird starrer, das Pferd bewegt sich immer mühsamer und nur noch unter Schmerzen.

Um dieser Entwicklung vorzubeugen, muß das Pferd im Verlauf seiner Ausbildung zum Reitpferd lernen, die Rückenbrücke kraftvoll und locker aufgewölbt zu halten, auch wenn ihm die Reiterlast im Rücken sitzt.

Dazu muß es die Kraft entwickeln, bei entsprechender An- und Entspannung des Bauchmuskels den Rückenmuskel locker schwingen zu lassen.

Um den Rückenmuskel locker zu las-

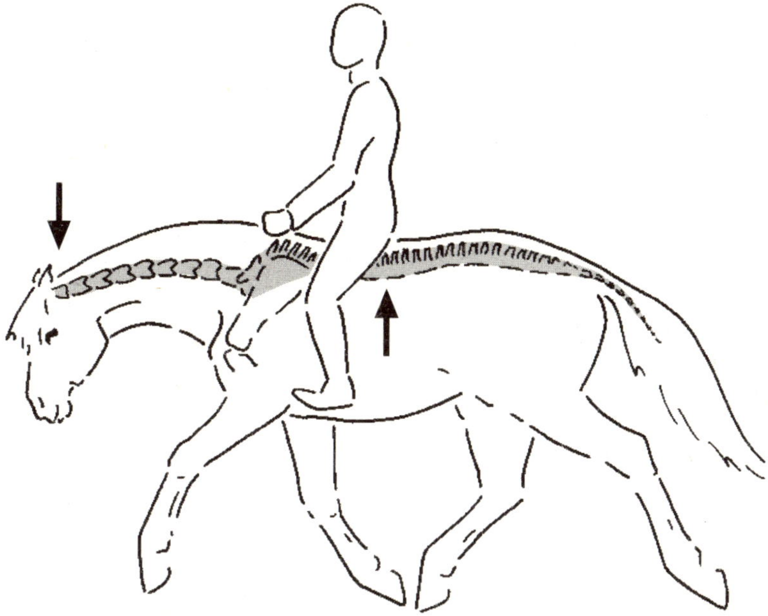

Oben: Um den Reiter auf Dauer unbeschadet tragen zu können, muß das Pferd lernen, diesen mit aufgewölbtem Rücken »huckepack« zu nehmen – wie ein Wanderer seinen Rucksack.

Unten: »Kissing Spines«: Im Bereich der Rückenbrücke berühren sich einige Dornfortsätze, nachdem das Pferd lange Zeit falsch mit weggedrücktem Rücken geritten wurde. Zunächst entstehen schmerzhafte Entzündungen, danach Verknöcherungen.

sen, gibt das Pferd im Genick nach. Man sagt: Es geht durch das Genick. Die Stirn-Nasen-Linie befindet sich dabei knapp vor der Senkrechten.

Der Rückenbogen wird gespannt und aufgewölbt durch die Anlehnung an das Trensengebiß vorne und durch das Treiben von hinten, was bewirkt, daß das Pferd mit den Hinterbeinen schwungvoll weit unter sich tritt.

Es findet eine wechselseitige An- und Entspannung des Rücken- und des Bauchmuskels rechts und links statt: Wenn zum Beispiel das linke Hinterbein

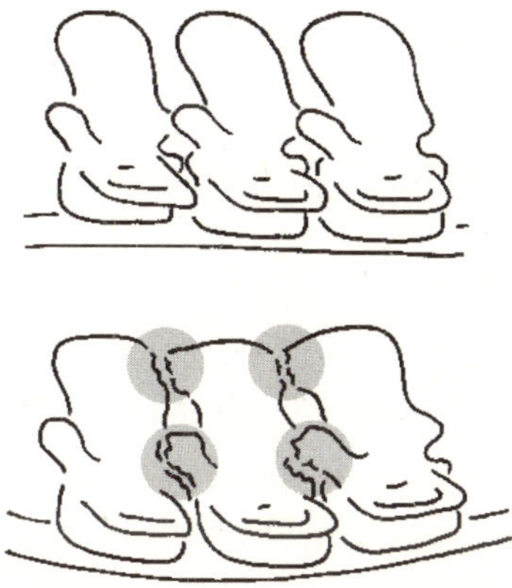

weit untertritt, wird bei diesem Vorschwingen der linke Bauchmuskel angespannt und der entsprechende linke Rückenmuskel gedehnt. Auf der rechten Seite ist der Bauchmuskel entspannt, der Rückenmuskel angespannt. Beim anschließenden weiten Vortreten des rechten Hinterbeines ist es entsprechend umgekehrt: Der linke Bauchmuskel ist entspannt, der linke Rückenmuskel angespannt; der rechte Bauchmuskel wird angespannt, und der rechte Rückenmuskel ist entspannt.

Bei gutem Training des Pferdes in korrekter Haltung ist die jeweilige Anspannung des Bauchmuskels als Linie am Bauch erkennbar, etwa eine Handbreit über der unteren Bauchlinie. Der schwingende, sich abwechselnd an- und entspannende Rückenmuskel ist hinter dem Sattel im Lendenbereich sichtbar, sobald dieser Muskel durch Training ein gewisses Volumen erreicht hat.

Damit das Pferd beim Reiten den Rückenmuskel locker arbeiten läßt und über den Rücken geht, ist es natürlich zwingend notwendig, daß der Sattel gut paßt, nirgendwo klemmt oder unangenehm drückt. Ein geschmeidiger Sitz des Reiters mit sanfter Hilfengebung, ruhiger Hand und entsprechend treibendem Schenkel macht es dem Pferd einfacher, in korrekter, entspannter und lockerer Haltung im Gleichgewicht zu gehen.

So nicht: Mit vorgeschobenem Unterhals und weggedrücktem Rücken kann das Pferd nicht locker und schwungvoll laufen.

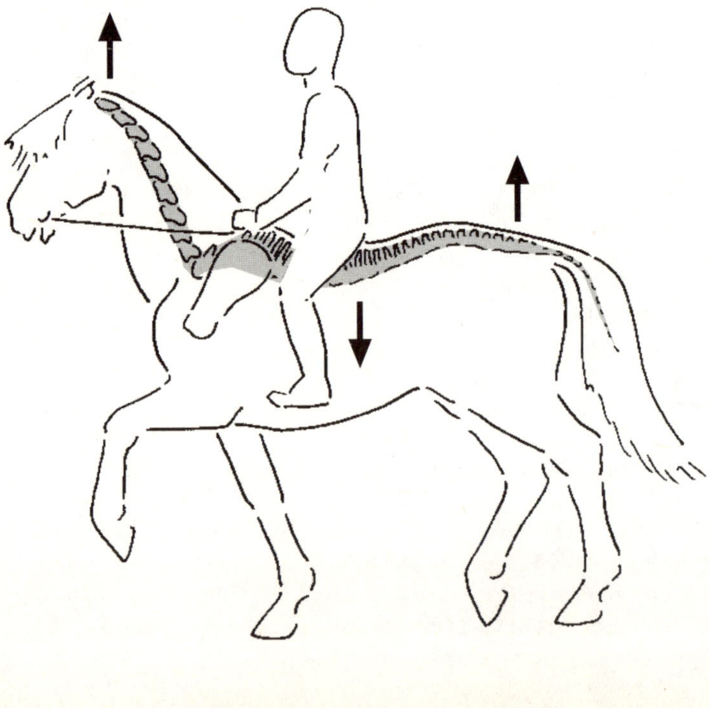

Gymnastizierende und heilsame Longenarbeit

Um den beschriebenen Fehlentwicklungen vorzubeugen und das Pferd für das Reitergewicht vorzubereiten, muß es während der Ausbildung lernen, in einer korrekten Haltung zu gehen. Das heißt: **mit aufgewölbtem, schwingendem Rücken, mit nach vorwärts-abwärts gedehntem Hals, mit natürlichen, taktreinen Bewegungen, ohne zu eilen.** Es tritt hinten allmählich weiter unter.

Muskeltraining bei korrekter Vorwärts-abwärts-Dehnungshaltung: Die Muskelpartien des Nacken-Rücken-Bandes werden – abwechselnd mit den gleichseitigen Bauchmuskeln – kontrahiert und gedehnt. Das Pferd entwickelt Muskeln und Kraft, um einen Reiter richtig tragen zu können.

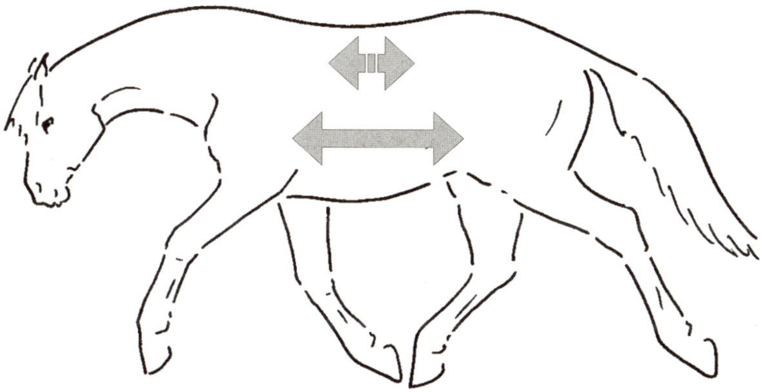

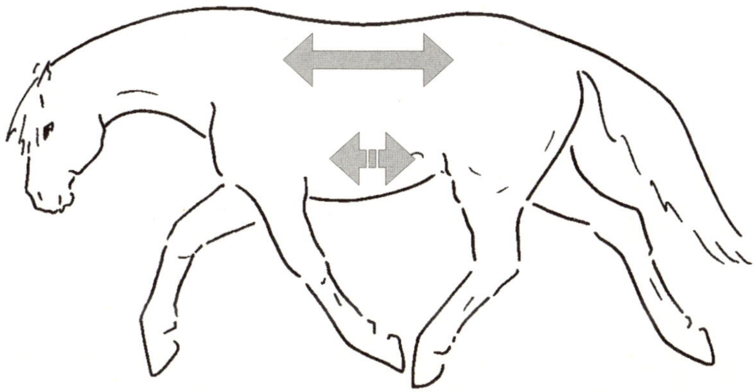

Man kann das Pferd nicht in diese Haltung hineinzwingen, man muß es sie als angenehm empfinden lassen und daraus die Rücken- und Bauchmuskulatur allmählich trainieren.

An der Longe wird das durch Übung erreicht: mit der passenden Ausrüstung und gutem, sinnvollem, geduldigem Training, ohne das Pferd zu überfordern. Für die Gymnastizierung in der korrekten Haltung muß das Pferd vorne eine Anlehnung haben, als Stütze, um den Rückenbogen nach oben aufzuwölben. Das wird nur durch Longieren mit Trense und Ausbindern erreicht. **Die Ausbinder ersetzen die Zügel in der weichen Hand des Reiters.** Die Stirn-Nasen-Linie soll sich leicht vor der Senkrechten befinden. Entsprechend ist die Länge der Ausbinder dem Pferd anzupassen.

Der Schub der Hinterhand soll locker und ungehindert über den schwingenden Rücken bis in das Maul des Pferdes gelangen, ähnlich einer Welle. Dazu muß das Pferd so getrieben werden, daß es fleißig und schwungvoll weit unter sich tritt. Das Pferd lehnt sich am Gebiß an, gibt dem Druck des Trensengebisses im Genick nach und kaut am Gebiß. Dabei entspannt es sich allmählich, was sich durch zufriedenes Schnauben äußert, aber auch in einem natürlich und gerade getragenen Schweif, der mit der Bewegung pendelt. Ein Nebeneffekt ist, daß der Unterhalsmuskel locker bleibt, der Oberhals- und der Rückenmuskel werden dagegen trainiert und gekräftigt, um

Bei Rückenschmerzen: Immer Diagnose und Kontrolle durch den Tierarzt

Wenn bei einem Pferd der Verdacht besteht, daß es möglicherweise Rükkenschmerzen hat und sich deshalb im Umgang und beim Reiten auffällig benimmt, so sollte immer auch eine gründliche Untersuchung und Diagnose durch einen Tierarzt erfolgen. Möglicherweise wird er die Wirbelsäule röntgen, um zu erkennen, ob beginnende »Kissing Spines« vorliegen. Unter Umständen haben die Probleme jedoch auch andere Ursachen, wie zum Beispiel beginnenden Spat, Sehnenprobleme, Arthrose oder ein bisher unerkannter Hüftschiefstand.

Liegen Rückenschmerzen aufgrund von Verspannungen vor, so wird das Pferd in den meisten Fällen zunächst im Bereich der Rückenmuskulatur schmerzfrei gemacht: durch Infusion, Spritzen, Medikamente oder auch Akupunktur.

Solange die Schmerzstillung anhält, muß über vorsichtige Arbeit an der Longe erreicht werden, daß das Pferd es wieder wagt, sich wohlig und entspannt zu dehnen und locker über den Rücken zu gehen. Wie ein Mensch mit Rückenschmerzen, hat sich nämlich auch ein Pferd möglicherweise eine Schonhaltung angewöhnt. Mit regelmäßiger Kontrolle durch den Tierarzt kann man das Pferd ganz allmählich wieder reitbar machen. Meist dauert die Longenarbeit so lange, bis das Pferd es wieder wagt und dazu in der Lage ist, rund und ruhig auf dem Zirkel zu galoppieren. Ein bis zwei Monate Zeit mit sehr regelmäßiger, guter Longenarbeit können dabei vergehen.

für das Reitergewicht gerüstet zu sein. Zum Aufwölben des Rückens spannt das Pferd die Bauchmuskulatur an.

Werden beim Pferd im Laufe seines Reitpferdelebens irgendwann Rückenschmerzen erkannt, so hat man mit guter, aber behutsamer Longenarbeit die Möglichkeit, wieder ganz von vorne zu beginnen. Dazu arbeitet man ein Pferd an der Longe wie ein junges, rohes Pferd, mit dem Ziel, daß es primär lernt, die notwendige Vorwärts-abwärts-Dehnungshaltung anzunehmen, mit aufgewölbtem, locker arbeitendem Rücken.

Rundum: Aspekte des Longierens

Gegenseitiges Kennenlernen: Respekt, Vertrauen und Motivation

Der vierbeinige Auszubildende muß lernen, dem Ausbilder auch auf eine gewisse Distanz zu gehorchen und Disziplin zu zeigen. Wir erfahren dabei, was in unserem Schüler steckt und wie er mitarbeitet.

Lernt er schnell oder eher mühsam? Ist er bald überfordert, so daß ich die Anforderungen nur langsam steigern darf? Oder bietet er sich eifrig an, was ich in geringem Maße auch ausnutzen kann? Ist er eher ängstlich und muß behutsam und sachlich ruhig angefaßt werden, damit er Vertrauen bekommt? Ist er phlegmatisch, faul oder etwas stur und verlangt mehr Antrieb? Oder ist er ein frecher Kämpfer mit stets neuen wilden Ideen, mit dem ich täglich neue Überraschungen erlebe? Alle Typen können an der Longe viel lernen: Gehorsam, Disziplin, Vertrauen zum Ausbilder, aber auch Selbstvertrauen zu sich selbst. Durch die körperliche Arbeit bekommt der kleine Longierkandidat ein besseres Körpergefühl, Kraft und Kondition. Ohne Überforderung und durch viel Lob entwickelt sich allmählich auch der Spaß an der Arbeit.

King Louis, Monsterpferde und Angsthasen

Manche Pferde werden durch viel Lob richtig stolz auf sich selbst und kehren wie King Louis gestärkt zu ihren Artgenossen in die Herde zurück. Dort, so kann man teilweise beobachten, steigen sie mit größerem **Selbstvertrauen und besserem Körpergefühl** allmählich in der Rangfolge auf. Solche Pferde machen einfach nur Spaß. Sie sind immer eifrig dabei und bieten viel an. Für richtiges Lob tun sie (fast) alles.

Aber auch mit einem psychisch verdorbenen Pferd kann man an der Longe wieder mit der Grundschule anfangen.

Ein verbocktes, freches, völlig ungehorsames Monsterpferd hingegen lernt endlich **Respekt und Disziplin** kennen, natürlich nur bei einem erfahrenen Ausbilder. Meistens sind dies äußerst selbstbewußte Pferde, die bisher nur nie ihren Meister gefunden und dann selbst entschieden haben, welches Arbeitsprogramm denn »heute lustig wäre«. Zum Glück sind auch diese mit einer einmaligen, aber deutlichen und plötzlichen Sanktion in der Regel davon zu überzeugen, daß auf Dauer nur Bravsein gut ist.

Einem total verängstigten, sensiblen Pferdchen können wir langsam und vorsichtig das **Vertrauen** in die Menschheit zurückgeben.

Achtung: Das Longieren, wie jede Arbeit mit Pferden, erfordert vom Menschen einerseits Durchsetzungskraft und Dominanz, andererseits Ruhe, Behutsamkeit und viel Geduld.

Nach rechts und links: Laterale Biegung auf dem Zirkel

Auf der gebogenen, gleichmäßig runden Zirkellinie muß sich das Pferd mehr oder weniger in der Längsachse seines Körpers biegen.

Wenn Pferde frei laufen, kann man beobachten, daß sie sich in einer Kurve nach außen stellen, d. h., sie biegen sich eben nicht, weil ihnen dazu das Gleichgewicht fehlt. Solange niemand auf ihnen sitzen will, ist diese Nicht-Biegung völlig unproblematisch. Aber mit Reiter muß das Pferd nicht nur sich allein tragen.

Die gleichmäßige laterale Biegung wird an der Longe trainiert. Meist gelingt sie nicht sofort, zumindest nicht in allen Gangarten. Gerade ein junges Pferd wird zunächst an der Longe schwanken, sich nicht korrekt biegen, sondern sich nach außen stellen oder die Anlehnung an einer Bande oder dem Zaun eines Longierzirkels suchen. Vor allem im Galopp ist das Gleichgewicht auf der Kreisbahn erst wacklig. Auch bei regelmäßigem Training kann es drei und mehr Monate dauern, bis der Galopp in beiden Richtungen ruhig und gleichmäßig, ohne Hektik gelingt.

Pferde bringen dazu durch ihren Körperbau unterschiedliche Voraussetzungen mit. Ein elastischer Bewegungskünstler tut sich da leichter als beispielsweise ein dickes Pony mit festem Rücken und kurzem, tief angesetztem Hals.

Sportliches Training: Losgelassenheit, Muskelaufbau und Kondition

»Arbeit macht Pferde schön und ruhig.«

Für die zukünftige oder regelmäßige Belastung des Rückens durch ein Reitergewicht muß die entsprechende **Muskulatur gestärkt** und trainiert sein. Das Pferd ist zwar grundsätzlich in der Lage, ein großes Gewicht zu (er-)tragen, aber damit es dies lange unbeschadet tun kann, muß es trainiert und richtig bemuskelt sein. Bevor ein Reiter auf dem Pferd sitzt, sollte es gelernt haben, eine Körperhaltung anzunehmen, mit der es den Reiter richtig huckepack nehmen kann: die **Vorwärts-abwärts-Dehnungshaltung.** Das Pferd wölbt dabei den Rücken auf, spannt die Bauchmuskulatur an und gibt im Genick nach. Der Rückenmuskel ist locker, schwingt, und das Pferd geht entspannt und zufrieden. Man spricht von der »Losgelassenheit«. In der Skala der Ausbildung eines Reitpferdes ist es ein eigener Schritt. Gerade die Losgelassenheit sollte an der Longe trainiert werden, bevor ein Reiter zum ersten Mal auf dem Pferd sitzt.

Durch regelmäßige Longenarbeit wird natürlich auch die **Kondition** gestärkt. Die wichtigste Gangart an der Longe ist der Trab, der träge Pferde munterer macht, Hektiker beruhigt, Ausdauer und Kraft fördert.

Die Skala der Ausbildung

Die dressurmäßige Ausbildung eines Pferdes wird allgemein in sechs Stufen gegliedert, die als Skala der Ausbildung bezeichnet werden.

Die Reihenfolge ist nicht zu vertauschen. Die Stufen gehen fließend ineinander über. Das Erreichen der jeweiligen nächsten Stufe setzt immer das Beherrschen der vorhergehenden voraus, verbessert aber auch die vorhergehenden Stufen.

Die Stufen der Skala der Ausbildung sind:

- **Takt:** Gleichmaß der Bewegungen, räumliche und zeitliche Regelmäßigkeit aller Schritte, Tritte und Sprünge.
- **Losgelassenheit:** Das Pferd geht locker, in keinem Körperteil verkrampft, ohne Widerstand gegen den Ausbilder. Es dehnt sich entspannt vorwärts-abwärts, schnaubt während der Arbeit wohlig ab, kaut gelassen auf dem Gebiß. Der Rücken schwingt elastisch. Es gibt im Genick nach, der Unterhals ist locker.
- **Anlehnung:** Sanft lehnt sich das Pferd an das Gebiß an. Es entsteht eine stetige, elastische Verbindung zwischen dem Maul des Pferdes und der einfühlsamen Hand des Reiters bzw. beim Longieren am anstehenden Ausbinder.
- **Schwung:** Im Trab und im Galopp wird die Sprungphase durch energisches federndes Auf- und Abfußen der Hinterhand verlängert. Der Rücken schwingt dabei deutlich mit.
- **Geraderichtung:** Die dem Pferd angeborene Schiefe wird durch gute gymnastizierende Arbeit so weit ausgeglichen, daß die Vor- und die Hinterhand einer Seite sich auf einer gleichen Linie bewegen.
- **Versammlung:** Bei höchster Konzentration nimmt das Pferd vermehrt Last mit den Hinterbeinen auf, die gebeugt untertreten. Das Genick ist der höchste Punkt.

Abwechslung: Training neben dem Reiten

Neben dem Reiten bietet sich das korrekte Longieren jederzeit als sinnvolle Ergänzung an. Wenn man nur kurz, aber trotzdem gut mit seinem Pferd arbeiten möchte, empfiehlt es sich, eine halbe Stunde zu longieren. Sicherlich gibt es manchmal auch andere Gründe, warum der Reiter nicht in den Sattel steigen kann oder will.

Mit nur zwei- bis dreimal gutem Longieren pro Woche lassen sich **Kondition und Bemuskelung eines trainierten Reitpferdes erhalten.** Harmonische, fließende Übergänge zwischen den Gangarten können geübt werden. Die Taktreinheit der Gänge auf der gebogenen Linie, Losgelassenheit und stetige Anlehnung an das Gebiß werden gefördert. Die Kommunikation zwischen Pferd und Mensch kann immer feiner werden. Und – man kann sich sein schönes Reitpferd einmal wieder in der Bewegung anschauen, so wie es unter dem Sattel geht.

Gerade bei Pferden, die sich unter dem Reiter nur schlecht entspannen und loslassen, empfehlen sich 10–20 Minuten **Longenarbeit als Vorbereitung für das Reiten** oder eben als Abwechslung statt des Reitens.

Bei der Ausbildung seines Reitpferdes kommt fast jeder Reiter einmal zu dem Punkt, wo anscheinend nichts mehr klappt. Der Reiter ist entnervt, das Pferd gestreßt; es kommt zu immer mehr Unstimmigkeiten zwischen den beiden, obwohl doch sonst alles so gut war. Hier kann die **kurzzeitige Rückkehr zur Basisarbeit »Longieren«** manchmal wahre Wunder wirken. Beide beruhigen sich, tun etwas, was sie bereits routiniert können. Endlich gelingt wieder etwas. Wenn der allgemeine Frieden zurückgekehrt ist, reitet man das Pferd weiter. Sehr oft kommt man dann endlich zwanglos weiter, das Pferd arbeitet wieder mit, und man selbst wird zufriedener.

Neuer Anfang nach langer Pause

Auch nach einer längeren Arbeitspause wird das Pferd zunächst an der Longe trainiert, bis es psychisch und physisch wieder fit für die Belastung durch den Reiter ist. Meist setzt man fast wieder da an, wo der Ausbildungsstand des Pferdes vor der Pause war. Dem Pferd fehlt nur die trainierte Rückenmuskulatur, um den Reiter wieder zu tragen.

Ohne entsprechendes Training bildet sich diese Muskulatur über einen längeren Zeitraum wieder zurück. In der Natur braucht das Pferd diese nämlich nicht. Sie ist nur für das Tragen der unnatürlichen Reiterlast notwendig.

Immer vorsichtig: Belastung der Beine auf gebogener Linie

Es ist darauf zu achten, daß der **Kreisbogen,** auf dem regelmäßig longiert wird, **nicht zu klein** ist. Der Durchmesser des Zirkels sollte mindestens 12 Meter betragen. Bei der Übung »Zirkel verkleinern« kann die Rundung natürlich kurzzeitig enger sein. Es geht um die länger andauernde Belastung.

Bei einem sehr kleinen Kreis werden möglicherweise Langzeitschäden im Bereich der Zehengelenke hervorgerufen. Die Knochenverbindungen werden hier bei **zu enger Biegung überbelastet,** denn sie sind für derartige seitliche Drehbelastungen anatomisch nicht eingerichtet. Dies kann langfristig zur Arthrose führen.

Zu beachten ist dabei auch die **Bodenbeschaffenheit** des Longierplatzes: Zu tiefer Boden strapaziert die Sehnen und Gelenkbänder, harter Boden schädigt den Gelenkknorpel und ist für beschlagene Pferdehufe oft zu rutschig.

Mangelhafte Pflege des Longierplatzbodens wirkt sich ebenfalls schädlich aus. Häufiges Longieren läßt eine nach außen höhere und nach innen tiefere Hufschlaglinie entstehen. So ist das Pferd gezwungen, auf einer schiefen Ebene zu gehen. Es kommt zu einer seitlichen Dauerbelastung des Fesselgelenkes, der Sehnen und Bänder, die überdehnt werden. Hier hilft nur gewissenhafte Pflege des Bodens in einem Longierzirkel, wobei der Hufschlag regelmäßig wieder geebnet wird.

Wenn man die Möglichkeit hat, auf einem Reitplatz oder in einer Reithalle zu longieren, wird der Zirkel an wechselnden Stellen der Bahn angelegt, oder man wandert beim Longieren mit dem Zirkel ganz allmählich in der Bahn.

Mit einem fortgeschrittenen Pferd kann man abwechseln zwischen Arbeit auf der ganzen Bahn, dann wieder Zirkel, unterschiedlich große Volten, usw.

Achtung: Unsinnig und gefährlich ist es, ein Pferd an der Longe herumtoben zu lassen, womöglich mit dem Zweck, daß der Wildling müde wird. Hier ist das Risiko für Beinverletzungen und Stürze enorm hoch!

Ein Pferd, das artgerecht gehalten wird, mit viel Auslauf im Offenstall, Paddock oder auf der Weide, sollte eigentlich an der Longe von Anfang an mit Ruhe und Disziplin gearbeitet werden können.

Ein bewegungsarm gehaltenes Boxenpferd läßt man seinen Stallmut besser frei auf der Weide austoben, keinesfalls auf dem dazu viel zu engen Kreis einer 8-Meter-Longe.

Wie ein Bumerang: Schäden durch unkorrekte Haltung

Ein Vorteil der Longenarbeit ist, daß das Pferd die korrekte Haltung erlernen kann, die es unter dem Reiter annehmen muß, um ihn unbeschadet zu tragen.

Durch Fehler bei der Ausbildung an der Longe kann es natürlich umgekehrt auch zu Fehlhaltungen kommen, die das Pferd sich allmählich angewöhnt. Durch zu kurze Ausbinder lernt ein Pferd zum Beispiel, sich hinter den Zügel zu verkriechen. Ein anderes Ausweichmanöver ist der falsche Knick, bei dem das Pferd nicht im Genick nachgibt, sondern zwischen dem zweiten und dritten Halswirbel. Über den Zügel kann das Pferd ausweichen, dabei den Unterhals vorschieben und den Rücken wegdrücken. Von sinnvoller Gymnastizierung kann dann nicht mehr die Rede sein. Im Gegenteil: Unter dem Sattel wird es nicht leichter, solche schlechten Angewohnheiten zu korrigieren.

Streß für die Psyche: Demotivation und Überforderung

»O Gott, ist das langweilig!«

Longenarbeit kann für das Pferd sehr eintönig sein. Wenn das arme Tier stundenlang auf dem Kreis traben soll, kommt Langeweile auf: Das Pferd schläft ein, wird unkonzentriert oder sucht sich Ablenkung von außen. Die Zusammenarbeit von Mensch und Pferd wird schlechter.

Hier ist unser **Einfallsreichtum gefordert.** Die Arbeit muß abwechslungsreich gestaltet werden: Viele Übergänge zwischen den Gangarten, Zirkel verkleinern und vergrößern, Wechsel zwischen Zirkel und ganzer Bahn, über Stangen treten lassen.

Achtung: Auch wenn die Longenarbeit gut gelingt und wir voller Begeisterung darüber sind: im Guten und rechtzeitig aufhören! Nur so behalten das Pferd und auch man selbst die Motivation für die gemeinsame Arbeit.

Pferde können sich nicht endlos konzentrieren – wie Menschen auch. Bei maximal einer halben bis dreiviertel Stunde beläßt man es mit der Longenarbeit. Wenn der Vierbeiner anfängt, unaufmerksam zu werden und dem Longierer nicht mehr zuhört, fordert man die Aufmerksamkeit noch einmal, um danach schnell mit Lob und im Frieden aufzuhören. **Ziel der Ausbildung ist immer ein freudig mitarbeitendes Pferd,** keine abgerichtete Laufmaschine.

An der Longe ist die wichtigste Gangart der Trab. Bei jungen Pferden oder nur wenig trainierten Pferden ist zu berücksichtigen, ob die vorhandene Kondition für die geforderte Arbeit schon ausreicht. Auch Pferde bekommen Muskelkater. Daraus folgende Schmerzen dienen ganz sicher nicht einem freudigen Arbeitseifer. Auch ein bis zur Erschöpfung gearbeitetes Pferd wird die gleiche Arbeit am nächsten Tag nicht motiviert angehen.

So macht man Pferde frech

Auch beim Longieren sollten wir uns klarmachen, daß das Pferd jederzeit die **Dominanzfrage** stellen kann: Es testet seinen Menschen. Und der Mensch muß reagieren. Am besten erstickt man eine Frechheit sofort im Keim. Nur – den Ansatz dazu muß man erkennen können. Dies erfordert eine gewisse Erfahrung.

Wenn das Pferd erkennt, daß es bei seinem Ausbilder machen kann, was es will, daß Ungehorsam ungestraft bleibt, dann wird das bravste Pferdchen allmählich immer frecher und schwieriger. Man sollte also aufmerksam sein. Beim Longieren gilt wie immer beim Umgang mit Pferden: Lieber einmal herzhaft, deutlich und absolut beeindruckend strafen, als ein Pferdeleben lang an dem Tier herumzerren. Nach der notwendigen Bestrafung (ist sie wirklich nötig, wenn ja, dann richtig!) muß dem Pferd sofort wieder Frieden angeboten werden. In der

Der Mensch als starke Persönlichkeit

»Es genügt nicht, wenn sich der Mensch als Beherrscher des Pferdes ›aufspielt‹, sondern er muß von diesem auch anerkannt werden! Sein Verhalten entscheidet also über das Verhalten des Pferdes, und er wird von diesem gezwungen, sich ununterbrochen als ›stärkere Persönlichkeit‹ zu bewähren. Ein Pferd benötigt die gerechte Strenge eines echten Herrn!

Das Pferd ist abstammungs- und herkunftsmäßig an Strenge und Gehorsam gebunden und daher auch gewohnt. Im freien Herdenleben wird jeder Verstoß gegen die geforderte Unterordnung unter die stärkere Persönlichkeit des Leittieres augenblicklich geahndet. Die ›Ahndung‹ ist aber beendet, wenn die Rangverhältnisse wieder hergestellt sind. Weil es Ahndungen über diesen Zeitpunkt hinaus im Zusammenleben der Tiere so gut wie nicht gibt, sollte sich auch der Mensch in seiner Eigenschaft als der ›Ranghöhere‹ an diese Regel halten.«

(Brigadier Kurt Albrecht: »Reiterwissen erlesen und erfahren«)

Herde ist der vierbeinige Boß sofort wieder neutral bis freundlich. Das Pferd fühlt sich auch bei einem starken menschlichen Chef wohler, bei dem es seine Grenzen kennt. Natürlich muß der zweibeinige Boß umgekehrt bei einem braven Pferd auch lieb sein.

Ziel ist eine freundliche, harmonische Zusammenarbeit mit dem Pferd; der Mensch hat dies in der Hand, es ist seine Verantwortung!

Ein probates Mittel, um Pferde an der Longe frech zu machen, ist die Unsitte, mit Halfter zu longieren.

Damit lernt selbst das dümmste Pferd irgendwann, daß es sich losreißen kann, spätestens, wenn die Anforderungen an das prompte Befolgen von Kommandos höher werden. Korrekturen bezüglich Tempo oder Gangarten sind kaum möglich, außer bei einem wirklich gut ausgebildeten und immer kreuzbraven Pferd.

Achtung: Wenn Longieren aufgrund ungeeigneter Ausrüstung zum Zweikampf von Pferd und Mensch wird oder das Pferd nur irgendwie um den Menschen herumläuft, kann von Gymnastizierung und Ausbildung absolut nicht mehr die Rede sein.

Die richtige Ausrüstung

»Ganz ohne ein wenig Ausrüstung geht es leider nicht; wir wollen mit unseren Pferden effektiv arbeiten und nicht nur tanzen.«

Wenn man wirklich gern und häufig longieren möchte, dann gehört dazu eine gute Ausrüstung: praktisch, leicht handhabbar, gut verarbeitet und variabel passend auch für unterschiedliche Pferdetypen.

Sparen läßt sich daran meist nicht, aber auf Dauer macht sich die Investition bezahlt.

Achtung: Niemand verwendet diese Ausrüstung dauernd und jeweils über Stunden. Daher besteht die Möglichkeit, daß eine Stallgemeinschaft sich einmal zusammen eine variable Ausrüstung zulegt und diese gemeinsam nutzt.

Nur hiermit ist's sinnvoll: Der Kappzaum

Der Kappzaum ist mit der wichtigste Teil der Ausrüstung. Eine fachkundige Ausbildung mit präziser und feiner Hilfengebung ist (fast) nur damit zu erreichen.

Man hakt die Longe im mittleren Ring am steifen Nasenbügel auf der Nase des Pferdes ein. Die Hilfen des Longierers werden so exakt auf den Nasenrücken übertragen und das Pferdemaul geschont.

Longier-Kappzaum: Im deutschen Reitsport-Fachhandel erhält man als Kappzaum meist den sogenannten »Schweren Kappzaum«. Er hat einen gepolsterten Nasenbügel aus Metall. Rechts und links des Mittelstücks gibt es je ein bewegliches Gelenk, um den Bügel verschiedenen Nasenformen anzupassen. Drei eingelassene oder aufgesetzte Ringe in der Mitte und rechts und links

Plädoyer für den Kappzaum

Stürmische oder ungehorsam tobende Pferde können mit einem Kappzaum besser zur Disziplin zurückgeführt werden. Meist muß ein Pferd nur einmal die Wirkung des Kappzaums etwas deutlicher zu spüren bekommen, damit anschließend nur ein feines Zupfen oder Klingeln der Longe am Kappzaum als Erziehungsmaßnahme reicht. Das Pferd lernt so Gehorsam und Aufmerksamkeit zum Longenführer. Dies ist die Grundvoraussetzung dafür, um allmählich immer feiner und sensibler mit dem vierbeinigen Schüler zu arbeiten.

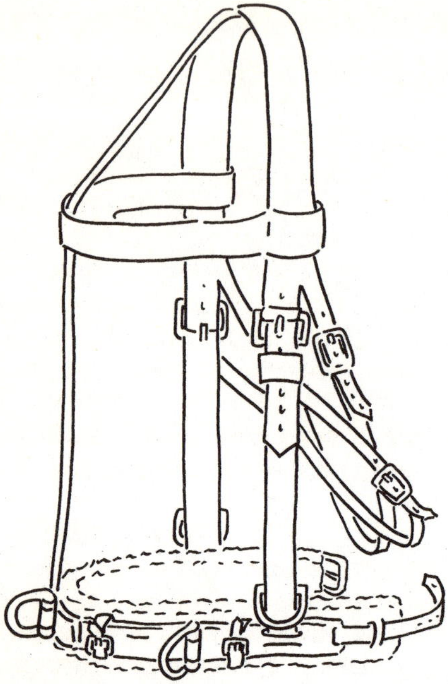

»Schwerer Kappzaum«

dienen zur Befestigung der Longe (Mitte) oder der Zügel (an den Seiten). Der Nasenbügel wird in der Höhe verschnallt wie ein englisches Sperrhalfter, etwa zwei fingerbreit unter dem Jochbein. Er muß stramm sitzen, damit er beim Longieren nicht verrutscht und scheuert. Ansonsten hat er Verschnallungen wie eine Trense: Backenstücke, Genickstück, Stirn- und Kehlriemen. Teilweise gibt es zusätzliche Riemen ab der Mitte der Backenstücke, die unterhalb der Ganaschen recht stramm verschnallt werden. So wird verhindert, daß die Backenstücke seitlich verrutschen und dem Pferdeauge möglicherweise zu nahe kommen.

Warmblütern paßt dieser Kappzaum meist recht gut. Kleinere Pferdeköpfe verschwinden darin, denn meist kann er nicht klein genug verschnallt werden. So ist er nicht allzu variabel. Die vielen Schnallen machen ihn kompliziert in der Handhabung. Sein größter Nachteil ist jedoch das enorme Gewicht und die Tatsache, daß der Nasenbogen extrem gepolstert ist. Über die dicke Polsterung kommen feine Signale der leicht vibrierenden Longe auf dem Nasenrücken gar nicht an. Die Hilfen über die Longe müssen deutlicher gegeben werden.

Spanischer Kappzaum, Serreta: Im Gegensatz zum »Schweren Kappzaum«

Verschnallung des »Schweren Kappzaums« mit Trense: Der Nasenriemen mit dem massiven Bügel wird stramm angezogen, damit er sich nicht drehen kann und nicht scheuert.

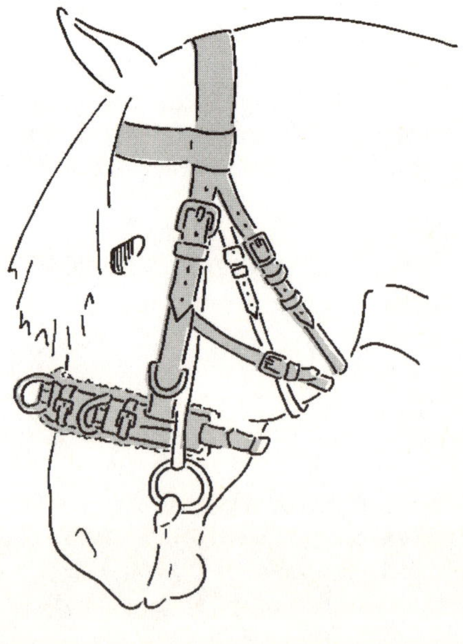

ist der spanische Kappzaum deutlich leichter und einfacher. Das Genick- und die Backenstücke haben meist nur eine Schnalle auf der linken Seite, um die Höhe des Nasenbandes zu variieren. Eine Verschnallung der Backenstücke unter den Ganaschen verhindert das Verrutschen der Backenstücke Richtung Auge. Stirn- und Kehlriemen fehlen häufig.

Der Nasenbügel ist einem flachen, gerundeten U-Eisen vergleichbar. Die beiden Kanten der offenen U-Seite liegen am Kopf des Pferdes an. Die geschlossene Seite ist außen. Teilweise sind die Kanten leicht gezackt. Obwohl das Nasenband meist durchgängig starr ist, paßt es auf die meisten Pferdenasen recht gut. Variabler sind spanische Kappzäume mit drei artikulierten Teilen.

In Spanien wird die Serreta teilweise mit völlig ungepolstertem, scharf gezacktem Nasenbügel benutzt. Extrem stramme und zu hohe oder zu tiefe Verschnallung erzeugen unschöne Narben und Knochenaufreibungen. Die Köpfe spanischer Pferde zeugen teilweise von dieser grausamen Behandlung.

Achtung: Diese Art der Anwendung der Serreta ist Tierquälerei und wird hier nicht empfohlen!

In Deutschland werden Serretas vom Fachhandel für spanisches Reitzubehör angeboten. Der Nasenbügel ist meist mit Leder ummantelt. Zur leichten Polsterung empfiehlt sich zusätzlich ein fellartiger Nasenschoner, wie er auch bei Nasenriemen an Trensen verwendet wird. Durch seinen Klettverschluß läßt er sich variabel und sicher um die Ringe des Bügels befestigen.

Achtung: Wird die Serreta in einer Stallgemeinschaft für viele Pferde genutzt, ist zu empfehlen, daß jedes Pferd seinen eigenen Nasenschoner erhält. Damit kann das Risiko für die Übertragung von Fellparasiten und -pilzen eingedämmt werden.

Auch der spanische Kappzaum wird ca. zwei fingerbreit unterhalb des Jochbeines verschnallt. Je tiefer er verschnallt wird, um so schärfer ist die Wirkung!

Die Serreta mit leichter Polsterung ist zur sinnvollen Longenarbeit empfehlenswert. Wenn es nötig ist, bietet sie die Möglichkeit, auch freche Pferde zu disziplinieren. Bei gehorsamen Pferden gelangt man schnell zu feiner, sensibler und damit effektiver Arbeit.

Achtung: Ein verantwortungsvoller Ausbilder ist sich bewußt, welche Macht er mit der Serreta über das Pferd hat und wird dieses effektive Hilfsmittel sinnvoll und schonend nutzen!

Der mittlere der meist drei vorhandenen Ringe ist auf einem etwas vorstehenden Steg angebracht. Ein Vibrieren der Longe führt hier zu einem kleinen Klingeln. Bei sorgsam trainierten Pferden reicht das durchaus, um die Aufmerksamkeit zu fördern, zu beruhigen oder das Tempo zu verlangsamen. Für das Vibrieren reicht eine Auf- und Niederbewegung mit dem Finger auf der leicht anstehenden Longe, woraufhin die Longe sich leicht schlängelnd bewegt und den Ring des Kappzaums auf dem Steg zum Klingeln bringt.

Wiener Kappzaum: Unter dem Namen »Wiener Kappzaum« gibt es im Reitsporthandel einen Zaum, der fast einem Englischen Reithalfter vergleichbar ist.

Er ist jedoch dicker und stabiler. Auf der Mitte des Nasenriemens befindet sich ein D-Ring, wie auch teilweise seitlich je einer nahe dem Backenstück. Er ist einfacher zu handhaben als der erstgenannte Longier-Kappzaum. Sein Nachteil liegt in der dicken Polsterung, die eine feine, sensible Hilfengebung nicht zuläßt.

Nicht zum Longieren: Das Halfter

Korrektes Longieren im Sinne von Erziehung zum Gehorsam, Ausbildung und Gymnastizierung ist mit einem Halfter kaum möglich. Meist sitzt es viel zu locker, wird am Kopf verdreht. Möglicherweise scheuert es dann, oder das äußere Backenstück kommt dem Auge zu nah.

Wie bereits beschrieben, ist es ein Mittel, um Pferde frech zu machen. Wenn der ansonsten brave Vierbeiner auf einmal beschließt, daß er die Longier-Veranstaltung nun lieber verlassen möchte, so tut er das dann einfach. Selbst ein durchtrainierter starker Mann ist kaum in der Lage, ein entschlossen davongehendes Pferd mit Halfter an der Longe zu halten. Ein Glück, wenn man sich mit dem Wildling in einem gut umzäunten Longierzirkel befindet und er die Ohnmacht des Menschen nicht so ganz erkennt. Wehe dem Ausbilder, wenn das Pferd das Ausreißen in der Reitbahn oder, schlimmer noch, auf einem offenen Platz kennen und lieben lernt. Solch verzogenen Pferden ist dann nur mit aller Deutlichkeit und unter Einsatz der Macht eines spanischen Kappzaums wieder beizukommen. Die Schmerzen, die dem Pferd dabei zwangsläufig zugefügt werden, verschuldet der leichtsinnige

Was Hänschen nicht lernt ...

»Der Gehorsam eines Pferdes sollte für jeden Reiter das »non plus ultra« der Ausbildung darstellen. Damit ist aber nicht eine willenlose Unterordnung eines Pferdes unter einen Reiter gemeint, sondern das Erreichen einer vollendeten Durchlässigkeit, die es dem Reiter ermöglicht, das Pferd nach ›kleinen Explosionen‹ leicht und sogleich wieder unter Kontrolle zu bringen. Ein gehorsames Pferd soll, ja muß sogar sein Feuer behalten. Dieses Feuer darf jedoch dem Reiter keine psychischen Angstzustände verschaffen, sondern er muß sich stets der Fähigkeit, es leicht und ohne übermäßigen Kraftaufwand jederzeit zu beherrschen, bewußt sein. Je länger ein Reiter mit dieser Erziehung des Pferdes zum Gehorsam wartet, desto schwerer wird dieses Vorhaben. Wenn sich das Pferd einmal selbst als ›Herr‹ fühlt, ist die Chance dafür so gut wie verspielt.

Den größten psychologischen Fehler begeht derjenige, der glaubt, bei jungen Pferden alles durchgehen lassen zu müssen, um sie so bei ›guter Laune und gutem Willen‹ zu halten. Wer schon das Hänschen nicht beherrscht, dem wird es beim Hans wahrscheinlich nie gelingen.«

(Brigadier Kurt Albrecht: »Reiterwissen erlesen und erfahren«)

> **Gamaschen und Bandagen**
> Auf dem relativ kleinen Kreis, den das Pferd beim Longieren beschreibt, ist die Gefahr gegeben, daß es sich an den Beinen streift und dabei verletzt. Deshalb sind zum Schutz gut sitzende Bandagen oder Gamaschen zumindest an den vorderen Röhrbeinen zu empfehlen.
> Gerade junge Pferde gehen noch nicht im Gleichgewicht auf der runden Linie des Zirkels.

Mensch, der dieses Pferd so frech werden ließ!

Feine, sensible Hilfen sind mit dem Halfter nicht möglich, somit also auch keine Ausbildung in Richtung einer feinen Kommunikation. Das Longieren mit Halfter verkommt zum Laufenlassen im Kreis. Meistens geht das Pferd sogar noch schief in Außenstellung, sprich: verkehrt herum gebogen. Die ganze Arbeit kann im Extremfall sogar gesundheitsschädlich sein, wenn das Pferd anfängt, um seinen Ausbilder herumzutoben.

Um dem Pferd Bewegung zu verschaffen, ist es dann sinnvoller, es auf die Weide oder einen Paddock zu lassen.

Wie beim Reiten: Die Trense und andere Zäumungen

Der Kappzaum ist für das Longieren immer notwendig. Wenn das Pferd die Grundbegriffe des Laufens auf dem Zirkel gelernt hat und die ersten Übergänge zwischen Trab und Schritt gelingen, kommt als Vorbereitung oder Ergänzung für das Reiten oder Fahren zusätzlich eine Trense dazu.

Das Gebißstück soll dem Pferd gut passen, das heißt rechts und links knapp einen fingerbreit breiter sein als das Maul. Es wird so verschnallt, daß es korrekt auf den Laden liegt, ohne an die Backen- und Hengstzähne zu schlagen. Es sollte nicht zu dünn sein. Nur so wagt es das Pferd, sich sanft und vertrauensvoll daran anzulehnen.

Dabei ist es unerheblich, ob die Trense normale Ringe, D-Ringe oder Olivenköpfe hat. Manchen Pferden scheint eine doppelt gebrochene angenehmer zu sein als eine einfach gebrochene. Beim jeweiligen Pferd ist dies individuell zu entscheiden. Bedingt einsetzbar sind auch nicht-gebrochene Trensen, z. B. Gummitrensen, sogenannte Stangentrensen oder Schulungs- und Korrekturgebisse.

Wichtig ist immer, daß das Pferd sie gut annimmt und sich nicht ängstlich dahinter verkriecht.

Das junge Pferd lernt erst die Trense an sich kennen. In der weiteren Ausbildung werden dann Ausbinder oder möglicherweise andere Hilfszügel angeschnallt, die die Zügel in der Hand des Reiters ersetzen. Ziel der gymnastischen Arbeit an der Longe ist es, daß das Pferd lernt, das Gebiß anzunehmen, sich dort leicht anzulehnen und sanft abzustoßen, um Halt zur Aufwölbung des Rückens zu finden.

Achtung: Aus diesem letzten Grund sollte man nie mit einer Kandare oder kandarenähnlichen Gebißstücken (mit Anzügen) longieren, z. B. Pelham, LTJ-Stange, klassische Kandare oder Island-

Abzulehnen: Die seitlich eingehakte Longe zieht die Trense aus dem Maul.

kandare. Gebißlose Zäumungen wie Lindel, Vosal, mechanische Hackamore und Bosal sind ebenfalls ungeeignet als Zäumung zum Longieren.

Streß im Maul: Die Longe direkt an der Trense

Wie beschrieben, soll das Pferd beim Longieren lernen, die Trense vertrauensvoll anzunehmen. Um den Rücken aufzuwölben, muß sich das Pferd trauen, sich sanft am Gebiß anzulehnen und leicht abzustoßen. Dies ist das, was in Reitlehren als das Nachgeben des Pferdes am Gebiß bezeichnet wird.

Wird die Longe einfach seitlich in den Ring der Trense eingehakt, entsteht auf der einen Seite ein Dauerzug. Im Extremfall wird dem Pferd die Trense halb aus dem Maul gezogen. Auf der anderen Seite drückt der Trensenring gegen die Maulspalte oder wird sogar in das Maul hineingezogen. Natürlich entsteht so kein Vertrauen in das Gebiß und die zukünftige Zügelführung!

Es ist schon schwierig, über einen kurzen Zügel fein mit einem wirklich sensiblen Pferdemaul zu kommunizieren. Wie schwierig oder unmöglich ist das erst, wenn es über 7 m Longe passieren soll, die dem Pferd einseitig im Maul zieht!

Ähnlich ist eine sogenannte **Longierbrille** zu beurteilen. Sie besteht aus zwei Karabinerhaken und einem kurzen, aber stabilen Riemen aus Leder oder Nylon dazwischen, in dessen Mitte ein D-Ring eingenäht ist. Die Karabinerhaken wer-

Longierbrille

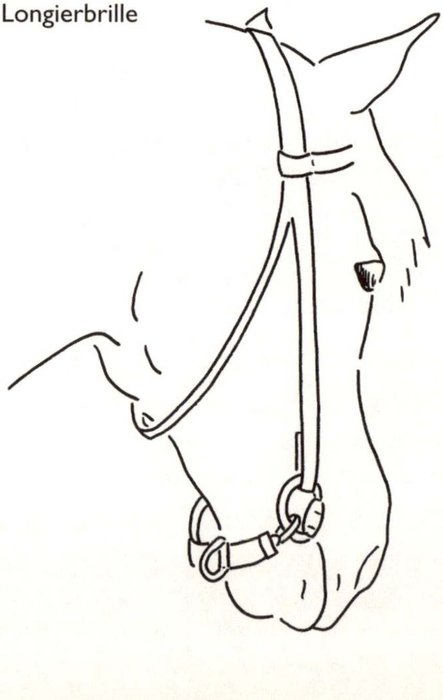

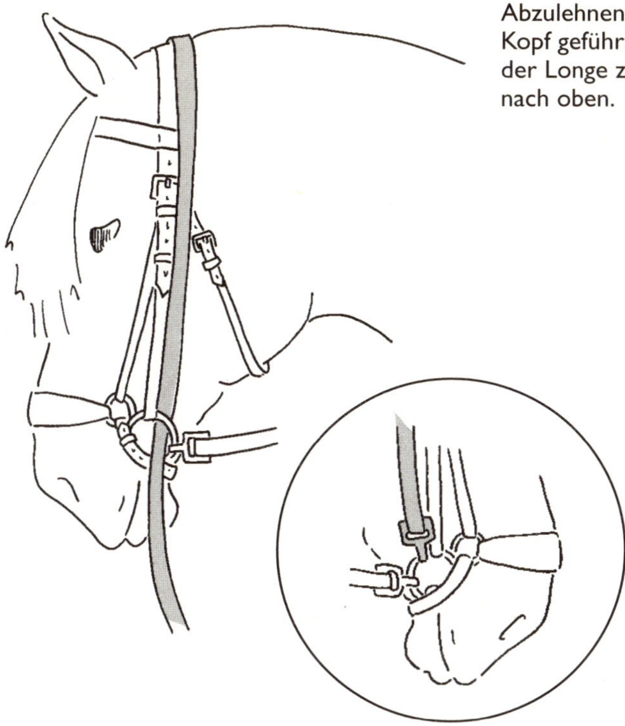

Abzulehnen: Longe über den Kopf geführt. Jedes Annehmen der Longe zieht das Trensengebiß nach oben.

den nach hinten in die Trensenringe eingehakt. Die Longe wird in den D-Ring eingeschnallt. So erfolgt ein vermehrter Zug am äußeren Trensenring. Je nachdem wie nachgiebig das Material des Riemens ist, werden die beiden Ringe der Trense nach hinten gezogen.

Ganz kurios ist eine Verschnallung über den Kopf hinweg. Hier bewirkt jeder Zupfer an der Longe einen Zug der Trensenringe nach oben, am inneren Trensenring stärker als am äußeren. Die Frage nach dem Sinn bleibt offen.

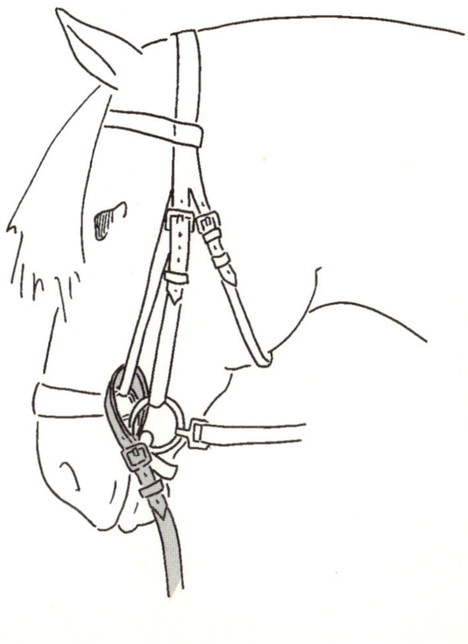

Verschnallung der Longe mit innerem Trensenring und dahinterliegendem Nasenriemen des Sperrhalfters.

Die einzige bedingt vertretbare Verschnallung ohne Kappzaum ist folgende: Die Longe wird mit einer Schnalle so am Kopfstück des Pferdes angebracht, daß sie den inneren Trensenring und zusätzlich den dahinterliegenden Nasenriemen eines stramm sitzenden englischen Sperrhalfters umfaßt. Nur bei wirklich gehorsamen, schon weiter ausgebildeten Pferden kann man sich so behelfen, wenn kein Kappzaum zur Verfügung steht.

Große Auswahl: Die Peitsche

Bei den Longierpeitschen gibt es viele Qualitäten, Längen und Preise. Eine gute Peitsche ist leider nicht billig. Sie liegt angenehm ausgewogen in der Hand, ist möglichst leicht, mit ausreichender Länge (ca. 3 m), dabei robust und unverwüstlich. Die Peitschenschnur ist etwa so lang wie die Peitsche selbst.

Beim Longieren hält man die Peitsche normalerweise still und permanent etwa auf das Sprunggelenk des inneren Hinterbeines des Pferdes gerichtet. Gute Longenarbeit mit einem älteren ausgebildeten Pferd kann bis zu 40 Minuten dauern. Der Longierer hält die Peitsche also jeweils 20 Minuten still in jeder Hand. Man denke daran, wenn man im Laden steht und verschiedene Peitschen probeweise in der Hand hält. Wenn schon nach fünf Minuten der Arm schmerzt, dann hört der Spaß am Longieren bald auf!

Deshalb eine kurze Peitsche zu wählen, ist meist nur eine Zwischenlösung. Spätestens beim korrekten Angaloppieren wünscht man sich eine Peitsche, die so lang ist, daß das Hinterbein des Pferdes gezielt und ruhig mit der Schnur touchiert werden kann, wobei man selbst natürlich ruhig in der Mitte des Zirkels stehen bleibt. Das Pferd läuft im Abstand von mindestens 7 m um den Longierer herum. Diese Distanz muß durch die Peitsche und die Schnur überbrückt werden.

Beliebt sind sogenannte Teleskoppeitschen. Sie können – ähnlich einer Angelrute – auf ein Drittel ihrer Länge zusammengeschoben werden. Dies macht sie zum Transport sehr handlich, denn sie sind meist sehr lang, dabei aber leicht. Leider darf selbst das kleinste Pony nicht darauf treten. Sie brechen sofort durch.

Die lange Peitschenschnur aus Leder muß gepflegt werden. Wie jedes Leder braucht sie von Zeit zu Zeit Fett, damit sie geschmeidig bleibt. Auf etwas feuchten Sandplätzen klebt der Sand an dem Leder. Leider wird die Schnur dadurch schwerer. Nach Gebrauch sollte man sie deshalb abwaschen und später wieder fetten.

Man hat sie in der Hand: Die Longe

Bei der Longe gilt fast dasselbe wie bei der Peitsche. Sie muß dem Longierer angenehm in der Hand liegen.

Manche schwören auf ihre strickartige, runde Longe. Andere bevorzugen eine breite Longe. Die erste hat den Vor-

Rechts oben: Freier, kraftvoller Galopp eines Andalusierhengstes
Unten: Gut gesprungener Galopp in korrekter Biegung und Haltung

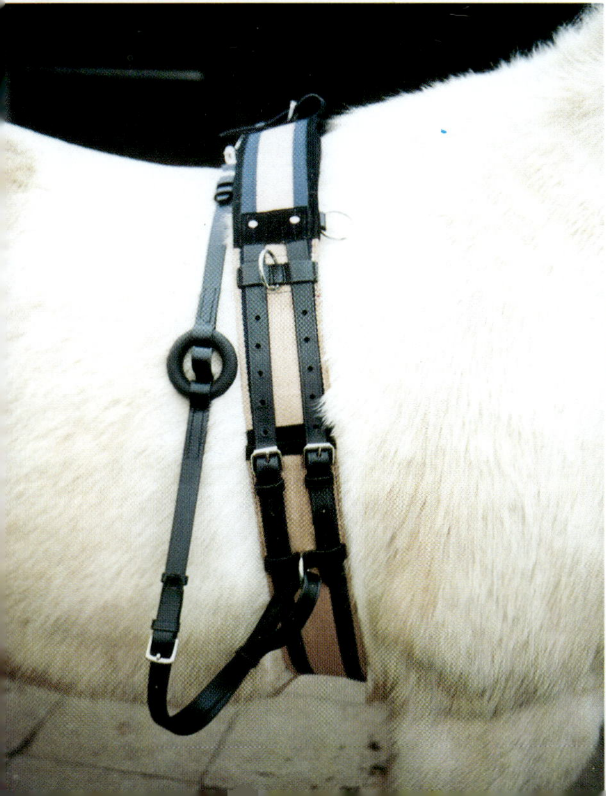

Oben links: Holsteinerstute mit einfacher Wassertrense und spanischem Kappzaum mit Nasenschoner
Oben rechts: Beim ersten Anschnallen der langen Ausbinder verwendet man beim jungen Pferd ein einfaches Einmachgummi zwischen Ausbinder und Schnalle am Longiergurt als »Sollbruchstelle«.
Unten links: Longiergurt mit eingehakten Ausbindern
Unten rechts: Fjordwallach mit »Schwerem Kappzaum«

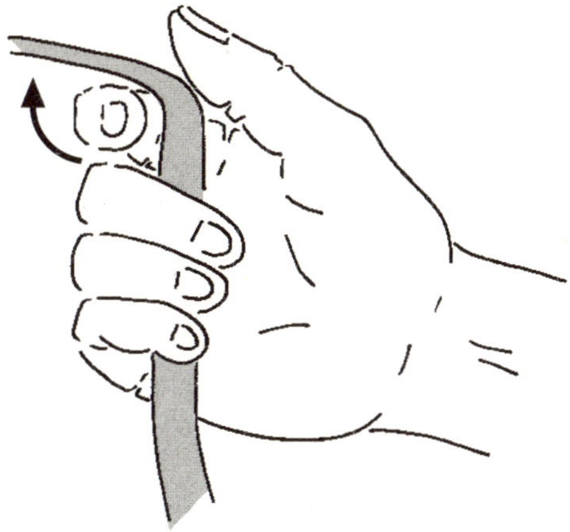

Handhaltung der Longe: Mit dem Zeigefinger kann man ganz fein die Longe etwas annehmen und nachgeben.

teil, daß sie sich nicht verdreht. Die breite Longe gefällt vielen vom Gefühl in der Hand besser.

Manche Longen haben hinter der Schnalle oder dem Karabinerhaken einen Wirbel, wodurch sich die Longe selbst wieder ausdrehen soll. Leider funktioniert das meist nur bei wirklich stramm gespannter Longe. Nachteilig ist das Gewicht des metallenen Wirbels. Beim Longieren mit Kappzaum hängt der Wirbel manchmal fast auf den Nüstern des Pferdes und stört dort.

Eine Longe sollte keine aufgenähten Stege haben, damit man sie ohne Rucken sanft durch die Hand gleiten lassen kann.

Zur Sicherheit – Handschuhe und feste Schuhe

Zum Schutz der Hände des longierenden Menschen werden passende (Reit-) Handschuhe empfohlen und pferdesichere Schuhe, in denen man gut laufen kann. Nur mit Handschuhen wagt man es, auch dann festzuhalten, wenn das Pferd an der Longe losrennen möchte oder auf einem offenen Platz sehr nach außen zieht. Gut ausgebildete Pferde kann man den Zirkel verkleinern und vergrößern lassen. Nur mit Handschuhen ist es angenehm möglich, die Longe sanft durch die Hand gleiten zu lassen. Natürlich sollte sie dafür keine aufgenähten Stege haben. Bei jeglichem Umgang mit Pferden sind Schuhe zu empfehlen, die die Füße auch bei einem versehentlichen Huftritt richtig schützen. Spätestens beim Longieren eines Pferdes auch auf der ganzen Bahn sind gute Laufschuhe von Vorteil. Bei Wechseln von ganzer Bahn, Zirkeln, Volten und Tempoverstärkungen an den langen Seiten muß man zügig mitlaufen können. Günstiger Nebeneffekt – auch der Longierer wird so gymnastiziert und fit!

Die Länge muß mindestens 7 m, besser 10 m betragen. Praktisch ist am Ende der Longe eine ca. 20 cm lange Handschlaufe. Länger als nötig sollte man seine Longe nicht wählen, da man sonst bei der Arbeit stets zu viele Schlingen halten muß, die auch noch die Tendenz haben, sich zu verheddern.

Beim Longieren mit Kappzaum sollte die Longe einen leichten, aber stabilen Karabinerhaken haben.

Zur Gewöhnung und für Hilfszügel: Longiergurt oder Sattel

Spätestens wenn Ausbinder oder andere Hilfszügel benutzt werden, müssen diese irgendwo befestigt werden. Generell empfiehlt sich dazu ein Longiergurt. Wenn man anschließend reiten möchte oder sich das junge Pferd an den Sattel gewöhnen soll, benutzt man natürlich einen gut passenden Sattel.

Tip: Bei einem jungen und rohen Pferd empfiehlt es sich, zunächst einen älteren, nicht mehr so wertvollen Sattel zu benutzen. Es kommt durchaus vor, daß ein kleiner Wildling sich mitsamt Sattel hinwirft.

Bei den Longiergurten gibt es viele Varianten und Preislagen: von luxuriösen aus Leder mit vielen Ringen und meist gut sitzendem Kammdeckel bis zu ganz einfachen aus breitem Schnurgurt mit meist nur zwei Ringen auf jeder Seite.

Letztendlich ist für die Wahl entscheidend, welche Art von Hilfszügel man verwenden möchte und wie groß das zu longierende Pferd ist. Bei der hier empfohlenen Gymnastizierung werden Ausbinder benutzt, die auf der Höhe des Buggelenks zu verschnallen sind, das heißt, es genügt je ein Ring rechts und links.

Die meisten Longiergurte haben rechts und links Gurtstrupfen wie ein Sattel und zur Verschnallung einen Bauchgurt. Wenn die Ringe nur am oberen Teil des Longiergurtes vorhanden sind (nicht am Bauchgurt), muß man darauf achten, daß sie für das jeweilige Pferd in der Höhe des Buggelenkes angebracht sind. Bei recht kleinen Pferden mit geringer Gurtentiefe sitzen diese Ringe manchmal zu tief, bei großen Pferden mit enormer Gurtentiefe könnten sie ein wenig zu hoch auskommen. Hier heißt es: ausprobieren und beim Kauf auf das Umtauschrecht achten.

Ausbinder – ja oder nein?

Zur sinnvollen Gymnastizierung des Pferdes an der Longe werden hier Ausbinder empfohlen. Sie bestehen aus 2 schmalen, ca. 1,50 m langen Riemen, die seitlich am Trensenring und am Longier- bzw. Sattelgurt befestigt werden. Zur Anbringung an der Trense ist ein leichter Karabinerhaken vorhanden. Mit einem langen Schnallstück werden sie rechts und links am Gurt angebracht.

Im vorderen Drittel (zum Pferdekopf hin) ist ein Gummiring eingelassen, der den Ausbinder elastisch machen soll. Meist ist das Gummi jedoch recht fest und hart, so daß es nur gering elastisch wirkt. Einige Schulen empfehlen Ausbinder völlig ohne Ringe. Zu kaufen gibt es fast ausschließlich Ausbinder mit Ringen. Natürlich könnte man sie schlichtweg herausschneiden, aber eigentlich ist

Hilfszügel – ein Glaubenskrieg?

Wie beim Reiten, so wird auch beim Longieren immer wieder heftig darüber diskutiert, ob und wie Hilfszügel einzusetzen sind. Manchmal hat man den Eindruck, daß sich daran wahre Glaubenskriege entfachen.

Meine Auffassung: Es kommt darauf an, was ich mit meiner Arbeit bezwecke, welches Ziel zu erreichen ist.

Eine Möglichkeit ist, das Longieren als Erweiterung von guter Bodenarbeit zu betrachten. Ziel ist es dabei, das Pferd auch über eine weitere Entfernung korrekt zu dirigieren, in allen Gangarten und mit gehorsam durchgeführten Übergängen und Stops. Man wechselt zwischen ganzer Bahn, Zirkeln und Volten, läßt das Pferd unterschiedliche Trailhindernisse (Plane, Reifen, etc.) überwinden und festigt so Gehorsam und Selbstvertrauen des Pferdes.

Ziel ist hierbei nicht die Gymnastizierung als Vorbereitung und Ergänzung des Reitens. Es reicht, das Pferd mit einem Kappzaum auszurüsten und mit Hilfe der Longe und Peitsche mit ihm zu kommunizieren. Jegliche Hilfszügel wären hier fehl am Platz.

Auch zur ersten Longenarbeit mit einem jungen Pferd brauche ich noch keine Hilfszügel. Zunächst muß es lernen, was ich überhaupt will: Es soll auf einem runden Kreis in etwa konstanter Entfernung um mich herumlaufen. Ich mache es vertraut mit treibenden und verlangsamenden Kommandos: Stimme, Schnalzen, Peitsche. Es lernt den Kappzaum und seine Wirkung kennen.

Sobald ich aber die Vorbereitung und Ergänzung zum Reiten möchte, wird es wichtig, daß das Pferd korrekt gymnastiziert wird, in der Haltung, die es beim Reiten auch annehmen sollte.

Die Hilfszügel ersetzen meinen Zügel, über den das Pferd beim Reiten die leichte und stetige Anlehnung an das Gebiß finden soll. Letztendlich wird die konstante Anlehnung nur mit Hilfe von Ausbindern erreicht. Alle anderen Hilfszügel zeigen dem Pferd nur den Weg nach vorwärts-abwärts, bieten aber nicht eine gute Anlehnung. Teilweise verführen sie das Pferd irgendwann dazu, die Stirn-Nasen-Linie bei der Suche nach Anlehnung hinter die Senkrechte zu bringen. Grundsätzlich sollte man solche Fehlentwicklungen erkennen können. Dazu braucht es einige Erfahrung und Blickschulung. Andererseits sollte man sich nicht scheuen, einen erfahrenen Ausbilder um Kontrolle der eigenen Arbeit zu bitten.

die geringfügige Elastizität positiv zu bewerten.

Sie dienen als **Ersatz** oder als **Vorbereitung für die Hand des Reiters,** der die Zügel gefühlvoll und still hält. Das Pferd soll sich an das Gebiß anlehnen, es annehmen, sich dort aufstützen, wieder nachgeben und so eine Stütze finden, um den Rückenbogen aufzuwölben. Dies geht nur bei sanft gegenhaltender, ruhiger, einfühlsamer Reiterhand. Nur mit Ausbindern ist ein solcher Reiterhandersatz annähernd erreichbar. Allmählich muß das junge Pferd an der Longe lernen, sich vorwärts-abwärts zu dehnen, an das Gebiß heranzutreten und

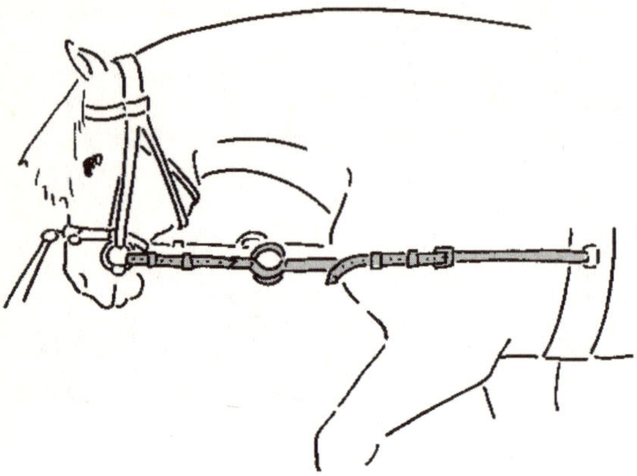

Ausbinder in richtiger Position und Länge

sich anzulehnen. Nur in dieser korrekten Dehnungshaltung ist Longieren im Sinne von Gymnastizierung für das Reiten eine echte Vorbereitung oder sinnvolle Ergänzung.

Bei der Auswahl von Ausbindern ist die **ausreichende Länge** entscheidend. Für große Pferde mit langem Hals sind sie leider meist recht knapp. In der korrekten Vorwärts-abwärts-Dehnungshaltung soll die Stirn-Nasen-Linie etwas vor der Senkrechten sein. Wenn das Pferd sich richtig abwärts streckt, mit der Nase fast am Boden, dann müssen die Ausbinder dazu wirklich lang genug sein.

Gerade bei jungen Pferden muß zu Anfang lang und locker geschnallt werden, damit der kleine Vierbeiner nicht in Panik gerät, weil er auf einmal Druck im Maul verspürt und zusätzlich rechts und links in seiner Bewegung eingegrenzt ist.

Tip: Beim Kauf sollte man noch im Laden überprüfen, ob das Ausbinderpaar auch wirklich gleich lang ist und die Löcher sich entsprechen. Von Vorteil ist es, wenn es zum Pferdemaul hin eine weitere Verschnallung gibt. So kann man nötigenfalls an zwei Enden weitere Löcher einstanzen, um die Ausbinder noch variabler einsetzen zu können.

Eine Sollbruchstelle einbauen – Einmachgummis

Pferde können in Panik geraten, wenn zum ersten Mal Ausbinder oder andere Hilfszügel (Chambon, Gogue, Halsverlängerer, Schlaufzügel) verwendet werden.

Natürlich verschnallt man daher alle Hilfszügel beim ersten Mal sehr lang!

Aber möglicherweise gerät das Pferd trotz aller Vorsicht doch in Panik und steigt zum Beispiel.

Zur Sicherheit kann man bei den ersten Malen einfach ein Einmachgummi dort dazwischensetzen, wo der jeweilige Zügel am Sattel oder Longiergurt befestigt wird. Ein einfaches Einmachgummi, wie es bei altmodischen großen Einmachgläsern verwendet wird, um diese später leicht öffnen zu können, reicht wirklich aus. So hat man eine billige und effektive Sollbruchstelle, wenn das Longier-Anfängerpferd sich doch erschreckt. Die Verschnallung löst sich so einfach und schnell, ohne daß gleich die Longierausrüstung zu Bruch geht.

Wenn dann klar ist, daß der Vierbeiner sich gelassen in die Verschnallung fügt und vertrauensvoll ruhig mitarbeitet, läßt man das Gummi weg.

Natürlich sollte auch hier die Verschnallung einfach und leicht zu bedienen sein, denn während der Longenarbeit ist ein Ändern der Ausbinderlänge durchaus sinnvoll und nötig, um allmählich zur korrekten Haltung mit aufgewölbtem Rücken und Beizäumung zu kommen. Bei guten Ausbindern sind die Löcher zusätzlich numeriert. Dies macht eine gleichmäßige Verschnallung einfacher als mühsames Abzählen.

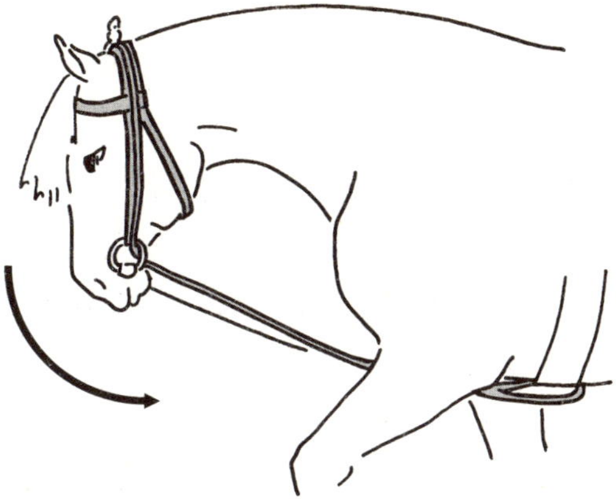

Nicht zu empfehlen: Der Halsverlängerer

Der sogenannte Halsverlängerer besteht aus einer recht stabilen, aber elastischen Gummischnur mit Karabinerhaken an den Enden. In der Mitte dieser Schnur gibt es eine Einstellschlaufe für unterschiedliche Längen. Die Mitte der Schnur wird mit der Einstellschlaufe auf der Mitte des Genickstückes plaziert. Von dort verlaufen die beiden Hälften der Schnur rechts und links durch die Trensenringe zur Brust des Pferdes, zwischen den Vorderbeinen hindurch, und werden in den Sattel- oder Longiergurt eingehakt. Hier muß dazu eine Öse am Gurt vorhanden sein, oder man verwendet einen Schnurgurt.

Eine andere Art der Verschnallung ist, den Halsverlängerer rechts und links am Gurt in Buggelenkshöhe einzuhaken.

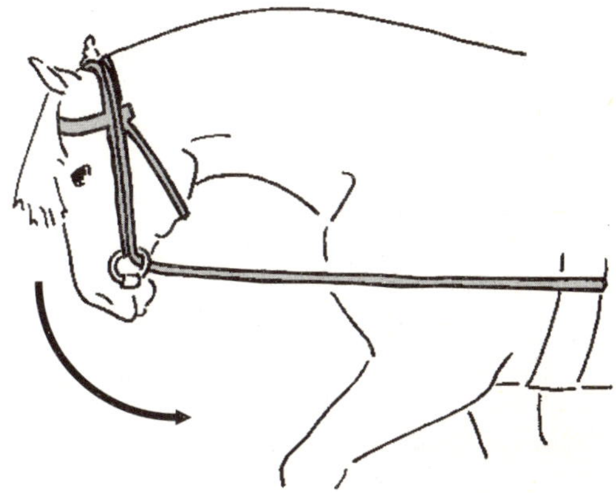

Verschnallungsmöglichkeiten des Halsverlängerers: Vorsicht, wenn das Pferd anfängt, sich zu verkriechen!

Achtung: Dieser Hilfszügel wird hier nicht empfohlen. Nur wenige Pferde nehmen ihn an, dehnen sich daran entspannt vorwärts-abwärts und »verlängern ihren Hals«. Die meisten Pferde jedoch weichen nach rückwärts-einwärts aus und verkriechen sich. Sie entwickeln einen falschen Knick, das heißt, sie geben nicht im Genick nach, sondern zwischen dem zweiten und dritten Halswirbel. Einige Pferde gehen gegen diesen Zügel an, lehnen sich voll darauf und erkennen, daß dieser Zügel nachgibt. Sie üben das spätere »Zügel-aus-der-Hand-Reißen«.

Wenn man diesen Hilfszügel dennoch einsetzen möchte, sollte man sein Pferd kritisch betrachten und diese negativen Reaktionen frühzeitig erkennen können.

Zu beachten bleibt: Longieren soll eine sinnvolle Vorbereitung und Ergänzung für das Reiten sein, aber kein Training für Fehlermöglichkeiten.

Mit Vorsicht zu verwenden: Der Schlaufzügel

Schlaufzügel sind ein Zügelpaar von ca. 2,80 m Länge und bestehen aus Leder, Zügelgurt oder Nylonseil. Beide Enden des Zügels werden am Bauchgurt des Sattels oder Longiergurtes befestigt. Die Zügel werden dann zwischen den Vorderbeinen des Pferdes hindurch nach rechts und links durch die Trensenringe geführt. Von dort kommen sie beim Reiten in die Reiterhand, beim Longieren an den Sattelgurt bzw. an die Ringe des Longiergurtes in Buggelenkshöhe.

Verschnallung des Schlaufzügels: Bei zu kurzer Verschnallung verkriecht sich das Pferd mit »falschem Knick«.

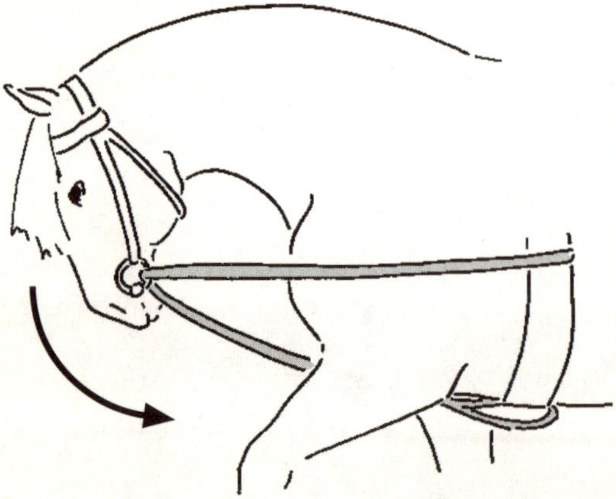

Zunächst scheint es so, als sei der Schlaufzügel sanfter als zum Beispiel die Ausbinder, weil er in den Trensenringen gleitet und die Bewegungen des Pferdes weicher mitmacht.

Achtung: Der Schlaufzügel wird hier nicht empfohlen. Spätestens dann, wenn das Pferd allmählich eine Anlehnung an das Gebiß sucht und sich vorwärts-abwärts nach unten dehnt, führt das Gleiten in den Trensenringen dazu, daß das Pferd mit der Stirn-Nasen-Linie hinter die Senkrechte kommt. Es fängt an sich einzurollen, entwickelt den falschen Knick zwischen dem zweiten und dritten Halswirbel. Dabei hält es den Rücken fest und tritt nicht schwungvoll mit den Hinterbeinen unter seinen Schwerpunkt. Solche allmählich antrainierten Haltungsfehler sind später sehr schwer wieder zu korrigieren.

Wenn die Tendenz zu diesem Fehler erkennbar wird, sollte man den Schlaufzügel nicht mehr einsetzen, statt dessen Ausbinder in korrekter Länge.

Für Sternengucker: Das Chambon

In speziellen Fällen und mit Vorsicht kann zum Longieren ein Chambon verwendet werden. Es besteht aus einem kleinen Kopfstück, das unter das Genickstück der Trense geschnallt wird. Daran sind rechts und links zwei kleine Ringe angebracht. Es gehört ein kurzer Ausbindezügel dazu, der am Bauchgurt des Sattels oder Longiergurtes befestigt und zwischen den Vorderbeinen des Pferdes nach vorne geführt wird. An diesem vorderen Ende befindet sich ein Ring. Eine etwa 1,30 m lange dünne, runde Schnur

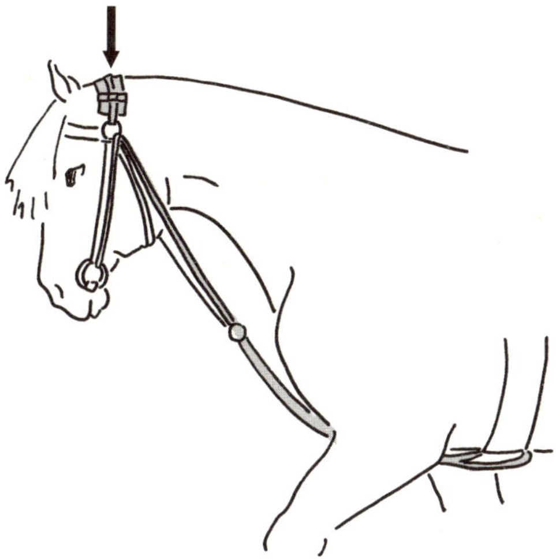

Verschnallung des Chambon: Bei erhobenem Kopf des Pferdes steht es an und drückt auf das Genick.

mit zwei Haken vervollständigt das Chambon. Mit einem Haken wird die Schnur in den linken Trensenring eingehakt, am Backenstück des Pferdes entlang nach oben durch den linken Ring des kleinen Kopfstückes geführt, dann Richtung Brust des Pferdes durch den Ring am Ausbindezügel. Ab dort verläuft die Schnur durch den rechten Ring des Kopfstückes zum Trensenring rechts.

Das Chambon kann Mittel der Wahl sein bei Pferden, die sich auch bei langgeschnallten Ausbindezügeln nicht nach vorwärts-abwärts dehnen, sondern den Unterhals vor- und den Rücken wegdrükken. Auch viele Übergänge zwischen den Gangarten oder erst kurze und dann allmählich längere Ausbinder führten das Pferd noch nicht in die Tiefe.

Die Wirkung des Chambons ist folgendermaßen: Bei hochgerecktem Hals drückt das Kopfstück im Genick, und am Gebiß erfolgt ein Zug. Bei schonender, vorsichtiger Arbeit lernt das Pferd nach einigen Tagen, daß es ihm angenehmer ist, wenn es den Hals fallen läßt und die Nase leicht nach vorne reckt. Der Weg des Zügels vom Sattelgurt bis zum Gebiß wird verkürzt und der anstehende Strick hängt allmählich durch. Der Druck im Genick und der Zug am Gebiß verschwinden. Durch die Dehnungshaltung läßt sich das Pferd im Rücken los und fängt an, mit der Hinterhand – vor allem im Trab – nach vorne durchzuschwingen.

Vor allem wenn ein Pferd es gewohnt war, mit hohem Hals und weggedrücktem Rücken zu gehen, ist es sehr anstrengend, in der neuen Haltung zu gehen. Man sollte mit seinem Schüler sehr vorsichtig und nicht zu lange, ca. 10 Minuten, arbeiten. Die ungewohnte Hal-

Das Chambon ist locker, wenn das Pferd den Hals fallen läßt und sich vorwärts-abwärts dehnt.

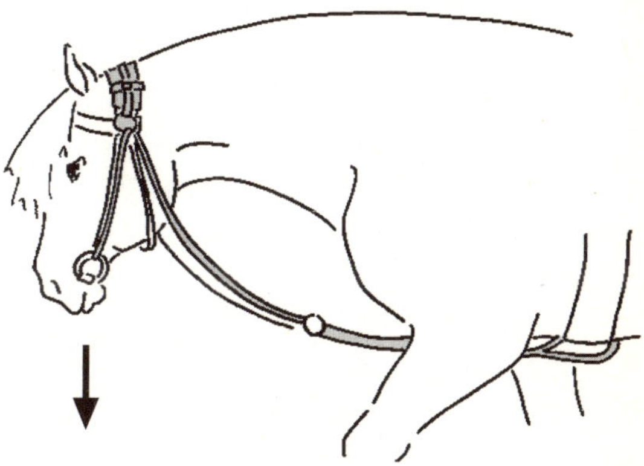

tung verursacht zunächst möglicherweise Muskelkater im Bereich von Genick, Hals und Rücken. Hier muß man viel Rücksicht nehmen und nicht zu schnell zu viel fordern. Das Pferd muß Zeit haben, die neue Haltung streßfrei und ohne Schmerzen anzunehmen.

Mit dem Chambon streckt es sich nach vorwärts-abwärts, jedoch ohne im Genick nachzugeben. Dies kann später bei der Arbeit unter dem Reiter zu Problemen führen, wo das Abknicken und die Lockerheit im Genick gefordert sind.

Nachdem unser Vierbeiner also mit Hilfe des Chambons den Weg in die Tiefe bzw. in die Dehnungshaltung gefunden hat, sollte man deshalb allmählich wieder zu den Ausbindern zurückkehren. Nur hiermit lernt das Pferd dann, eine korrekte Anlehnung an das Gebiß anzunehmen und im Genick nachzugeben.

Der Gogue

Der Gogue ist dem Chambon ähnlich. Er besteht ebenfalls aus einem kleinen Kopfstück, das unter das Genickstück der Trense geschnallt wird. Auch hier sind rechts und links zwei kleine Ringe angebracht. Es gehört der gleiche Ausbindezügel dazu, der am Bauchgurt des Sattels oder Longiergurtes befestigt und zwischen den Vorderbeinen des Pferdes nach vorne geführt wird und an diesem vorderen Ende einen Ring hat. Dort sind zwei dünne, stabile runde Riemchen fest eingeschnallt, die rechts und links jeweils zum Ring des Kopfstückes geführt werden. Von dort werden die Riemen von außen durch die Trensenringe geführt und zurückgeleitet an den Ring. Hier werden sie mit kleinen Karabinerhaken

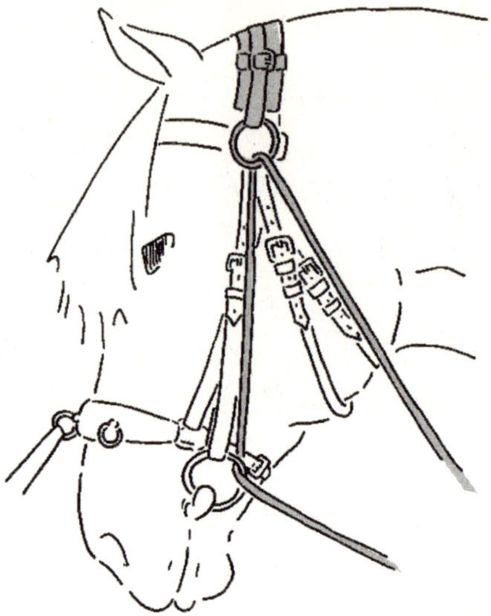

Verschnallung des Gogue

befestigt. Rechts und links vom Pferd entsteht so ein gleitendes Dreieck: Brusthöhe, Genick, Trensenring.

Auch der Gogue wirkt auf das Genick und das Maul des Pferdes. Wenn es den Hals fallen läßt, läßt der Druck an beiden Stellen nach. Im Gegensatz zum Chambon bleibt beim Gogue aber eine Verbindung zum Gebiß erhalten, ähnlich wie bei Ausbindern.

Achtung: Dennoch gibt es beim Gogue viele Möglichkeiten für das Pferd, innerhalb des gleitenden Dreiecks auch Fehlhaltungen anzunehmen: extrem hohe Aufrichtung bei starker Beizäumung oder auch Fallenlassen des Halses bei weit vor der Senkrechten getragener Nase, ohne im Genick nachzugeben. Hier sind Vorsicht und kritische Betrachtung des Vierbeiners geboten, damit das Longieren nicht zu Fehlern führt, die später beim Reiten schwer zu korrigieren sind.

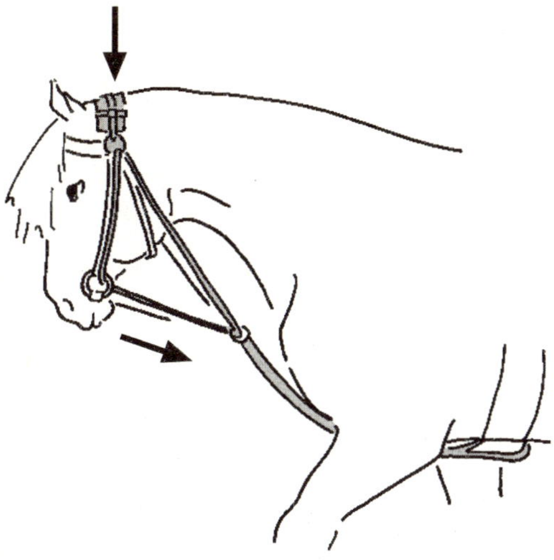

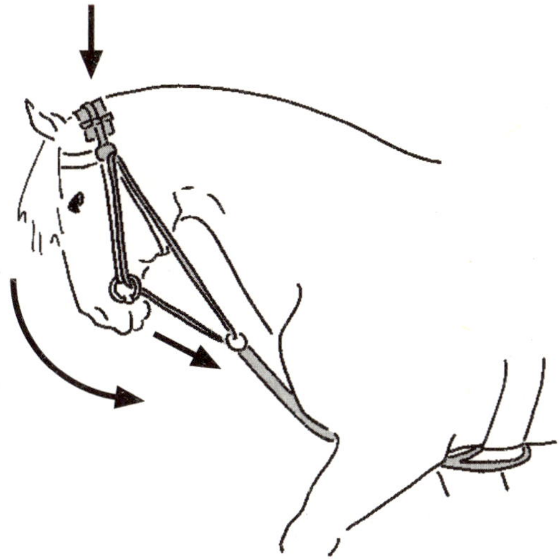

Bei erhobenem Kopf entsteht durch den Gogue Druck auf das Genick und Zug an der Trense.

Achtung: Auch diese Fehlhaltung mit hohem Genick und eingerollter Stirn-Nasen-Linie ist beim Einsatz des Gogue möglich!

Läßt das Pferd den Hals fallen und dehnt sich vorwärts-abwärts, so lockert sich der Gogue.

Bei jungen und ungelenken Pferden zu empfehlen: Gamaschen zum Schutz der Pferdebeine.

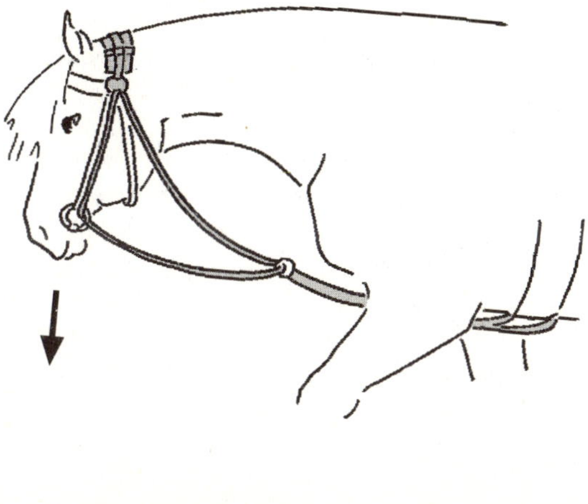

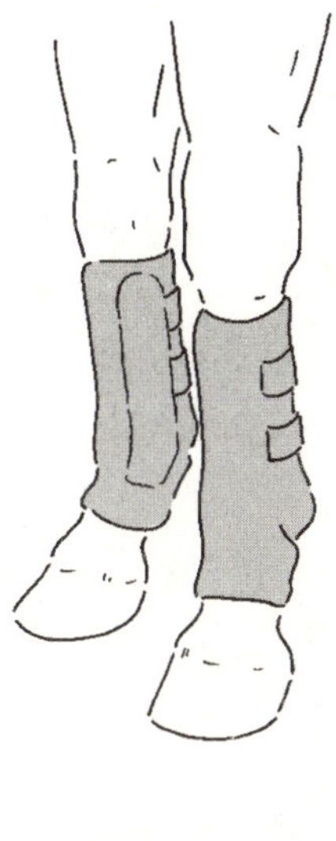

Der geeignete Ort zum Longieren

Um ein Pferd an der Longe effektiv und schonend auszubilden, braucht man dazu unbedingt einen gut eingezäunten Platz. Er sollte so groß sein, daß man auch junge, noch ungelenke oder auch ältere, etwas steife Pferde auf großem Kreisbogen von bis zu 20 Meter Durchmesser (bei einer 10 m langen Longe) longieren kann. Mindestens sollte ein Durchmesser von 12 Metern erreicht werden. Wie bereits beschrieben, ist die Belastung der Gelenke des Pferdes auf zu engem Kreisbogen auf Dauer nicht unerheblich und kann zu Langzeitschäden im Bereich der Zehengelenke führen.

Der Boden muß optimal sein: eben, etwas federnd, nicht zu tief und nicht zu hart. Zu tiefer Boden strapaziert die Sehnen und Gelenke der Beine zu sehr. Harter Boden wirkt für beschlagene Pferde oft rutschig und schädigt allmählich die Gelenkknorpel. Daß man nicht auf gefrorenem oder matschig-rutschigem Boden longiert, ist selbstverständlich.

Nur gutes Longieren macht Sinn; der Gefahren bei Fehlern, Nachlässigkeiten und Überbelastungen des Pferdes sollte man sich bewußt sein. So sollte bei der Wahl des geeigneten Longierplatzes nicht die oftmals damit verbundene Ausbildungsmethode im Vordergrund stehen, sondern das möglichst schonende Longieren des Pferdes.

Für jede Stilrichtung: Round-Pen, Picadero oder Longierzirkel

Westernreiter nennen es Round Pen; Anhänger der spanischen Reitweise bezeichnen ein ähnlich großes, aber eher quadratisches Gebilde als Picadero; bei deutschen Reitern heißt es Longierzirkel: ein eingezäunter Platz von bis zu 20 Meter Durchmesser.

Für die Arbeit mit jungen oder an der Longe noch nicht ausgebildeten Pferden ist solch ein Longierzirkel ideal. Das Pferd kann nur rundum laufen und sich der Arbeit mit dem Menschen nicht einfach entziehen. Auf dem Zirkelbogen muß sich das Pferd biegen und findet an der Umzäunung eine gewisse Anlehnung. Einem Longieranfänger-Pferd wird in der umzäunten Kreisbahn schneller deutlich, was der treibende Mensch da hinter ihm will. Das Verlangsamen oder Stoppen des Pferdes am Zaun ist ebenfalls leichter zu vermitteln, als wenn man dies auf der offenen Fläche eines großen Platzes versucht.

Nachdem das Pferd mit der Umgebung vertraut ist, sollte man trotz der Umzäunung beginnen, mit Kappzaum, Longe und Peitsche als Mindestausrüstung zu arbeiten. So lernt das Pferd das

Bremsen durch leichtes Zupfen oder Klingeln am Kappzaum kennen, baut Streß vor der womöglich beängstigenden Peitsche ab und beginnt, sanfte Anlehnung an den Kappzaum zu spüren. Für die sinnvolle Gymnastizierung als Vorbereitung für das Reiten wird das Pferd dann später korrekt mit Sattel oder Longiergurt und Ausbindern gearbeitet. Nur hiermit findet es auch im Longierzirkel erst die korrekte Vorwärts-abwärts-Dehnungshaltung mit aufgewölbtem Rücken und stetiger leichter Anlehnung an das Gebiß.

Seien Sie Ihrem Pferd ein starker, konsequenter Herdenchef, dem es vertrauen kann: Denn Sie wollen Ihr Pferd longieren, nicht umgekehrt!

Häufiger verfügbar: Reithalle oder Reitplatz

In einer Reithalle oder auf einem gut umzäunten Reitplatz haben wir, wenn wir innerhalb einer Hälfte der ganzen Bahn arbeiten, nur an maximal drei Seiten eine äußere Begrenzung. Manche Pferde drängen auf der offenen Seite des Zirkels sehr nach außen. Vor allem jungen oder wenig gymnastizierten Pferden fehlt die Anlehnung. Hier kann man sich und dem Pferd kurzfristig durch eine Begrenzung mit Strohballen, Tonnen oder ähnlichem helfen. Meist ist dies aber wirklich nur kurze Zeit nötig.

Tip: Zur Schonung des Bodens sollte man den Longierzirkel innerhalb der

Bahn immer wieder etwas verschieben, damit nicht an einer Stelle der Bahn eine tiefe Hufschlaglinie mit höherer Außenkante entsteht.

Wenn gleichzeitig Reiter mit ihren Pferden in der Bahn sind, ist selbstverständlich gegenseitige Rücksicht gefordert. Der äußere Hufschlag ist freizuhalten. Wenn man mit seinem Longierpferd »wandert«, sollte das mit den Reitern abgesprochen und jeweils angekündigt sein. Grundsätzlich ist diese Situation auch eine gute Gelegenheit, dem kleinen vierbeinigen Auszubildenden klarzumachen, daß man sich auch dann auf seinen Menschen und die Arbeit konzentrieren muß, wenn Kollegen da sind. Es ist Disziplin gefordert, und es wird nicht mit Artgenossen herumgespielt. Dies sind alles Übungen, die für das spätere Reiten hier schon trainiert werden.

Gegenüber dem Longierzirkel hat eine rechteckige, große Reitbahn den Vorteil, daß sich der Zirkel deutlich verkleinern und vergrößern läßt. Das Pferd wird – bei fortgeschrittener Ausbildung – auf der ganzen Bahn gearbeitet; Wechsel zwischen ganzer Bahn, Zirkel und Volten sind möglich. An den langen Seiten kann man allmählich den Trab verstärken und dadurch die Schwungentfaltung trainieren. Natürlich braucht der Longierer spätestens dann seine schnellen Schuhe und eine gute Kondition.

Aber Reiten hatte doch auch irgend etwas mit Sport zu tun, oder?

Abzulehnen: Der Longierpfosten

Zur Ausbildung von Islandpferden wird teilweise ein Longierpfosten benutzt. Dies ist ein etwa 1,50 m aus dem Boden

So nicht: Longieren am Longierpfosten.

ragender, fest einbetonierter Pfosten. Am oberen Ende des Pfostens ist ein Laufring mit einer stabilen Öse. Er ist fest montiert und durch ein Kugellager leicht drehbar. Der Pfosten steht auf einem manchmal nicht eingezäunten Platz. Das durchaus noch rohe Islandpony soll mit einem stabilen Halfter ausgerüstet sein und wird mit einem festen Seil an den Longierpfosten an der Öse angebunden. So soll das Pony den Zug der Longe durch gleichmäßiges Arbeiten respektieren lernen. Gedacht ist dies für sture, widersetzliche oder hektische Pferde, die sich beim Führen losreißen.

Achtung: Dies ist sehr **kritisch** zu beurteilen. Ein Pony, das noch nicht korrekt und sicher geführt werden kann, ist noch gar nicht reif für die Longe. Die Grundlagenarbeit kann aber mit dem Longierpfosten nicht abgekürzt oder gar erleichtert werden. Hier müßte eigentlich noch ein Stück gute Bodenarbeit geleistet werden, um Gehorsam, Mittun und Vertrauen zu fördern.

Das **Verletzungsrisiko,** wenn ein Pferd am Longierpfosten zu toben anfängt oder wegstürmen möchte, mag sich jeder selbst ausmalen. Wenn ein wirklich rohes Pferd bei dieser Arbeit Streß, Hektik und Angst vor dem Menschen kennenlernt, dürfte die weitere Zusammenarbeit nicht gerade einfacher werden. Bisher scheint es dieses Gerät nur für die Ausbildung der Islandpferde zu geben. Eine solche unsinnige Longenarbeit ist abzulehnen!

Wie sag' ich's meinem Pferd – Die Hilfen

»Die Verantwortung liegt beim Menschen, sich seinem Pferd richtig verständlich zu machen!«

Gemeinsam geht's besser: Positive Einstellung

Nur mit einer positiven Einstellung zu der Longenarbeit an sich, aber auch zum Pferd, kommt man auf Dauer weiter. Longieren kann viel Spaß machen, wenn die Kommunikation mit dem Pferd immer besser, leiser, prompter und sensibler wird; wenn man plötzlich erkennt, daß das Pferd jetzt voll bei einem ist, nur noch brav ist und motiviert mitarbeitet. Es ist einfach schön, zu betrachten, wenn ein Pferd immer lockerer und geschmeidiger geht, sich besser trägt und die Gänge taktklar und schwungvoll werden.

Um bei der Arbeit zu einer guten, **freundlichen Grundstimmung** zu gelangen, ist eine positive Einstellung zum Pferd absolut erforderlich. Wenn ich mich über das Tier an der Longe nur ständig ärgere und meine schlechte Laune so auch dem Pferd vermittele, wird keine freundliche, harmonische Kommunikation entstehen. Wenn ich Wut oder Ärger des Tages nicht beiseite lassen kann, sollte ich lieber nur ein bißchen mit dem Pferd »herumtüddeln«, spazieren-

Spohr: Eigenschaften eines Reiters

»... Die Maxime muß lauten: Sei stets bemüht, dein Pferd zu deinem besten Freund zu erziehen! Behandle es daher niemals im Zorn, niemals mit Heftigkeit, noch weniger lasse Tücken und Bosheit an ihm aus, denn es wird lernen, sie dir mit Wucher zurückzuzahlen. Die erste Eigenschaft eines Reiters ... muß die Liebe zu dem ... Tier sein. Was man auch von ihm fordern mag, immer muß man ihm die Überzeugung beizubringen suchen, daß das Verlangte zu seinem eigenen Besten dient. Das geschieht durch Belohnungen nach jeder willfährigen Leistung: freundliches Zureden und kleine Leckerbissen. Die zweite unerläßliche Eigenschaft des Korrektors ist Geduld, unerschöpfliche Geduld! Wer ungeduldig wird, versteht es nicht, mit dem rechten Mittel zu seinem Ziele zu gelangen, macht das Tier irre, störrisch und auf die Dauer bösartig. ...«
(Brigadier Kurt Albrecht: »Reiterwissen erlesen und erfahren«)

Die Möglichkeiten der Stimme

- **Ruhe in die Arbeit hineinbringen**
  Mit langgezogenen, ruhigen Vokalen wie in »Scheeeeeeriiiiiiit«, »Teeraaab«, »Braaaaaaav«, »Ruuuuuhiiiiiiig«, »Hoooolaaaa«.
  Das besänftigt, beruhigt, entspannt und verlangsamt ein Pferd. Übergänge von einer schnelleren Gangart in eine langsamere werden damit initiiert, die aktuelle Gangart wird verlangsamt. Die Stimme klingt dunkel, langsam, ihr Klang wird am Ende der letzten langgezogenen Silbe tiefer.
- **Aufmerksamkeit erwecken und treiben**
  Mit heller, aufmunternder Stimme aktiviert man das Pferd, initiiert die nächsthöhere Gangart, beschleunigt die aktuelle Gangart: Vorwärts! Galopp! Terrabb! Komm!
  Hierzu gehört auch das Schnalzen mit der Zunge.
- **Für Disziplin sorgen**
  Laut und deutlich, kurz, klar und mit gewisser Strenge wird das Pferd auch mit der Stimme diszipliniert: Ho! Laß das! Ab! Weg!

gehen oder es auf der Weide lassen. Das Pferd hat meist keine Schuld am Tagesärger seines Menschen. Am nächsten Tag klappt es dann meistens wieder besser, und ich habe mir durch meine gestrige mißmutige Stimmung in der Zusammenarbeit mit meinem Pferd nichts kaputt gemacht.

Immer wieder muß ich dem Pferd Frieden und Freundschaft anbieten. Außer wenn es wirklich ungehorsam ist, dann ist Krieg: kurz, aber deutlich. Nach der Strafe (Ruck am Kappzaum, Touchieren oder Schlagen mit der Peitsche) muß der Mensch sofort wieder für freundliche Stimmung sorgen. Nur wenn der Vierbeiner sich bei der Arbeit **wohl fühlt** und **Vertrauen gewinnt,** wird er auf Dauer gern, motiviert, locker, entspannt und immer besser mitarbeiten.

Die Verantwortung dafür liegt einzig und allein beim Menschen!

Die Ausbildung eines Pferdes ist ein langer Weg; nur wenn man viel Geduld mitbringt und auch mit den kleinen Fortschritten zufrieden ist, kommt man letztendlich weiter.

Zaubermittel Stimme

»Trauen Sie sich doch einfach, deutlich mit Ihrem Pferd zu reden!«

Die positive Einstellung zum Pferd und die Arbeit mit ihm sollte auch in der Stimme deutlich sein.

Pferde sind sehr empfänglich für **ehrliches Lob.** Die Begeisterung des Menschen für die tolle Leistung seines Pferdes muß deutlich ankommen, auch wenn es manchmal nur ein winziger Fortschritt ist. Pferde werden dann richtig stolz auf sich selbst und bemühen sich eifrig immer mehr. Gerade bei jungen Auszubildenden ist es hilfreich, schon zu loben, wenn sie den Ansatz zur richtigen Reaktion auf ein Kommando zeigen. Dazu gehört natürlich Erfahrung, dies rechtzeitig zu erkennen, und volle **Konzen-**

tration, um den eigenen Einsatz für das Lob nicht zu verpassen.

Gerade wenn es womöglich Zuschauer gibt, werden viele Menschen auf einmal schweigsam oder reden nur noch ganz leise. Trauen Sie sich doch einfach weiter, mit Ihrem Pferd laut und deutlich zu reden! Sie arbeiten mit Ihrem Pferd, und es ist Ihre **Kommunikation** mit Ihrem Pferd!

Pferde hören sehr gut und lernen es recht schnell, verschiedene Laute oder den Klang einer Stimme zu unterscheiden, nicht aber einzelne Worte ihrem Sinn nach. Somit ist die Stimme eine der wichtigsten Hilfen an der Longe.

Je jünger oder unerfahrener der kleine Longierkandidat ist, um so deutlicher und wirklich laut genug muß das Stimmkommando kommen. Erkennt man beim Pferd den Ansatz zur richtigen Reaktion, wird es sofort gelobt, auch wieder laut und deutlich.

Bei einem dann erfahreneren und immer konzentriert mitarbeitenden Pferd genügt später zum Beispiel nur ein leises »Schschsch«, oder nur das Wort für die Gangart oder ein »Laaaangsaaaam« oder ein aufmunterndes Schnalzen. Hier ist der Vielfalt für verschiedene Pferde keine Grenze gesetzt. Nur – für sein einzelnes Pferd sollte man immer die gleichen Kommandos verwenden, mit gleichem Tonfall und Klang. Achten Sie darauf, daß Sie dabei den unterschiedlichen Kommandos auch eine deutlich andere Aussprache verleihen.

Da das Pferd auf den Longenführer konzentriert sein soll, ist es absolut abzulehnen, daß Außenstehende versuchen, mit Stimmhilfen womöglich ein bißchen nachzuhelfen. So würde das Pferd völlig abgelenkt und verwirrt.

Die wahre Körpersprache: Haltung und Position

Damit unser Vierbeiner uns als ranghohen zweibeinigen Boß akzeptiert, dem er freudig und vertrauensvoll gehorcht, müssen wir uns auch als ein solcher darstellen und benehmen. Wir gehen dazu aufrecht und bestimmt, bewegen uns ruhig und vermeiden hektische Gesten. Innerlich und äußerlich macht man sich groß.

Ein Mensch, der sich klein macht, mit gesenktem Kopf, rundem Rücken und unsicheren, schleppenden Schritten, wird vom Pferd nicht ernst genommen, und dem gehorcht es auf Dauer nicht. Schlimmstenfalls beginnt der Vierbeiner, seinen Ausbilder zu testen, drängelt auf dem Longierzirkel nach außen oder innen und mißachtet die Kommandos. Das Pferd lernt, seine Ideen durchzusetzen oder stumpft bei ewiger Mißachtung von zigfach gegebenen Kommandos immer

Rechts oben: Anlehnungsfehler: Das Pferd geht über dem Zügel, drückt den Unterhals vor und tritt mit den Hinterbeinen kaum unter.
Unten: Entspannte Vorwärts-abwärts-Dehnungshaltung: Das Pferd tritt von hinten weiter unter und lehnt sich leicht an das Gebiß und die Ausbinder an.

Seite 52 links oben: Zum Longieren auf der linken Hand werden die Peitsche und die Schlaufen der aufgewickelten Longe in der rechten Hand gehalten, an der linken Hand das Pferd.
Seite 52 unten: Der Longierer tritt seitlich zur Kruppe des Pferdes.

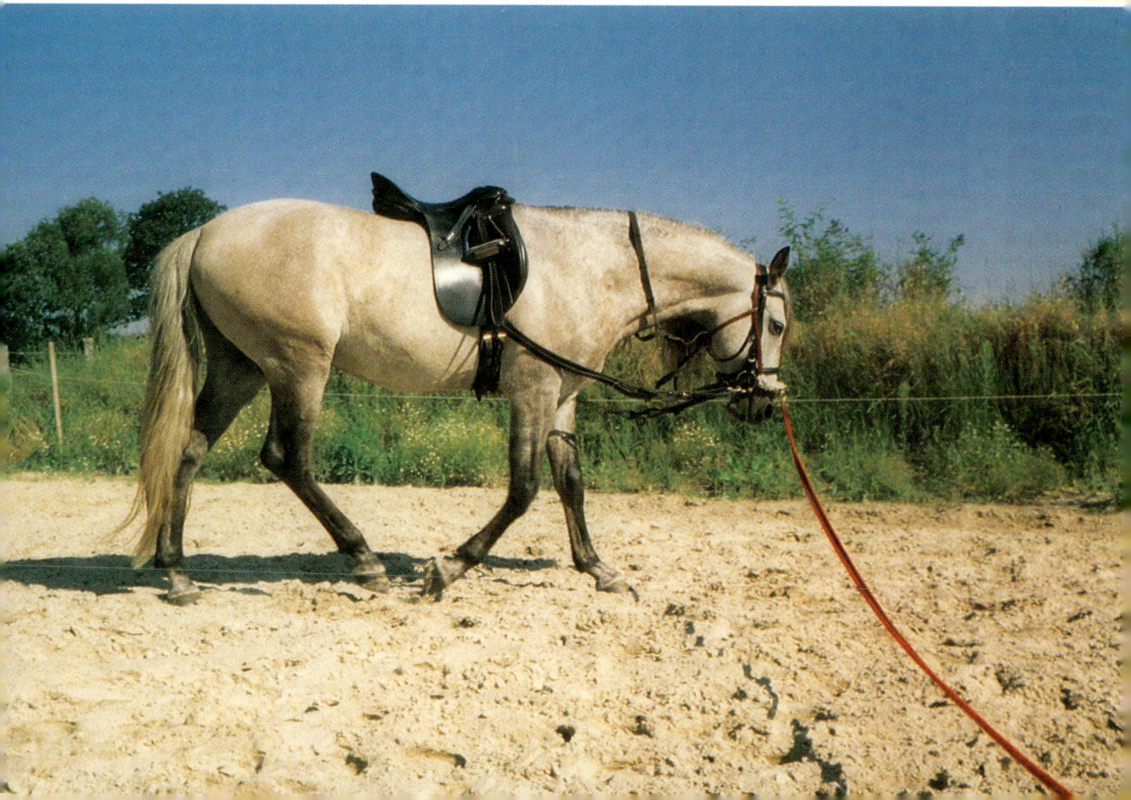

Das Pferd beachtet mein Stimmkommando nicht.

Natürlich muß das Pferd gehorsam sein und voll konzentriert auf den Menschen. Nur dann genügt es allmählich, das entsprechende Kommando nur einmal zu sagen, und die gewünschte Reaktion erfolgt. Ein Beispiel:

Ich habe schon einige Male auffordernd »Terrrabbb!« gesagt, mein Pferd aber trottet immer noch im Schritt daher und denkt offensichtlich gar nicht daran, sich in den Trab zu bemühen. Nun muß ich die Befolgung des Kommandos wirklich energisch fordern, zum Beispiel mit Hilfe der Peitsche.

Ansonsten nimmt mich mein Pferd bald nicht mehr ernst und macht an der Longe – wie später auch unter dem Sattel – was es will.

Auch nach energischem Fordern und der nachfolgenden richtigen Reaktion lobe ich natürlich laut und deutlich, um dem Pferd klarzumachen, was ich wollte, und daß das Antraben jetzt richtig war.

Vielleicht hatte es mich ja gar nicht richtig verstanden?

Nach ein bis zwei Runden im Trab pariere ich wieder durch zum Schritt. Nach knapp einer Runde im Schritt gebe ich – wie in diesem Beispiel – wieder nur einmal das Kommando »Terrabbb«, maximal ein zweites Mal:

- Das Pferd reagiert korrekt, sofort lobe ich.
- Das Pferd reagiert nicht richtig, dann fordere ich wieder massiv, deutlich und schnell mit der Peitsche. Es trabt an, ich lobe.

So kann ich mir allmählich ein aufmerksames, braves Pferd erziehen, das auf feine Hilfen prompt und ruhig reagiert. Meine Aufgabe ist es, konsequent zu bleiben. Wenn ich Trab gefordert habe, dann muß ich auch Trab durchsetzen!

Voraussetzung ist immer: Das Pferd ist körperlich in der Lage, das Geforderte zu leisten!

Seite 53 rechts oben: Mit der Peitsche vorsichtig treibend und schräg hinter dem Pferd gehend wird es auf den Zirkel hinausgeschickt.
Seite 53 unten: Das Pferd geht ruhig und fleißig auf dem gleichmäßigen Zirkel.

Links oben: Zur Abwechslung und für mehr Aktion: über Stangen treten lassen.
Unten: Ruhig und gelassen geht die Holsteinerstute selbständig über eine Plastikplane.

mehr ab. So kommt man nie zu feiner Kommunikation mit prompter Reaktion.

Beim Longieren kommt es neben der Haltung unseres Körpers vor allem auch auf die **Position im Verhältnis zum Pferd** an. Das Pferd läuft bis zu 10 Meter entfernt von uns. Dennoch ist es mit entscheidend, wo genau wir stehen.

- Wenn das Pferd in gewünschter Gangart und Tempo geht, stehen wir **neutral:** mit unserer vollen Front zum Pferd, den Bauchnabel etwa auf die Mitte der Schulter des Pferdes gerichtet. Ruhig drehen wir uns in die-

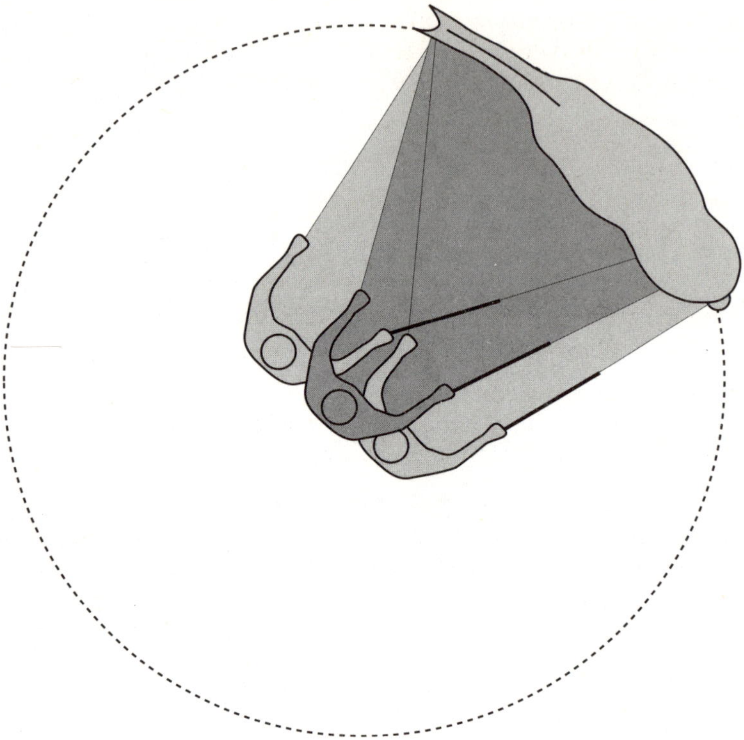

Longierdreieck mit den verschiedenen Körpositionen:

- mehr vorne, Richtung Kopf: verbremsend
- auf Schulterhöhe: neutral
- zur Kruppe: treibend oder zum Verkleinern des Zirkels

ser Position um unsere eigene Achse oder gehen auf einem kleinen Kreis mit. Dabei haben wir das Pferd immer frontal vor uns und können es ständig beobachten.

- Unsere Arme hängen locker herab, ohne die Schultern hochzuziehen. Die Ellbogen sind etwa rechtwinklig gebeugt.
- Arbeiten wir unser Pferd auf der linken Hand, so befindet sich die Longe in der linken Hand, die zum Pferdemaul gerichtet gehalten wird. In der rechten Hand hält man das aufgerollte Ende der Longe und die Peitsche, deren Spitze etwa auf das Sprunggelenk des inneren Hinterbeines zeigt. Mit den Achsen Pferd, Longe und Peitsche entsteht ein Dreieck.
- Um das Pferd etwas zu verbremsen, bewegt sich der Longenführer mit einem deutlichen Schritt fast auf die Höhe vom Kopf des Pferdes. Diesem wird so optisch der Weg nach vorn verbaut. Mit dem Stimmkommando »Haaaaalt« und gleichzeitigem sanf-

tem Klingeln am Kappzaum kommt man so auch zum Anhalten, eine der schwierigsten Übungen an der Longe.

- Mit einer Bewegung Richtung Kruppe wirkt der Mensch mehr treibend oder veranlaßt eine stärkere Biegung, zum Beispiel, um den Zirkel zu verkleinern.
- So initiiert man auch bei der Arbeit auf der ganzen Bahn nach einem geraden Stück wieder eine Biegung zur Volte oder zum Zirkel.

Unsere Körpersprache zu verstehen fällt dem Pferd relativ leicht. Das Interpretieren von Körpersprache kennt es von seinem Herdenleben. Zusätzlich hat es uns und unsere Gesten bei der Vorbereitung mit guter Bodenarbeit schon kennengelernt. Jetzt gilt es, beim Longieren die Stimmkommandos mit den Körperhilfen zu verbinden, so daß das Pferd immer genauer die Stimmkommandos kennenlernt. Diese verwenden wir später auch beim Einreiten oder -fahren, um dem Pferd dort geforderte Gangartenwechsel, Tempounterschiede und das Anhalten verständlicher zu machen.

Longieren auf der linken Hand: Schlingen der Longe und Peitsche in der rechten Hand, Longe mit dem Pferd in der linken Hand.

Unsere Verbindung mit dem Pferd: Die Longe

Über die Longe kann man am Kappzaum führen, zupfen, klingeln, Paraden geben, nachgeben und disziplinarisch rucken.

Vor der Benutzung der Longe wird diese in gleichmäßig großen, nicht zu langen Schlingen ordentlich aufgerollt. Das Ende mit dem Karabinerhaken liegt ganz oben. Der Karabinerhaken wird in den mittleren Ring des Nasenteils des Kappzaums eingehakt. Zum Longieren auf der linken Hand wird die Longe mit den Schlingen in der rechten Hand gehalten. Mit der linken Hand wird die Longe nach und nach ohne Rucken abgewickelt, so weit, wie das Pferd auf den Longierzirkel hinausgeschickt wird. In der linken Hand hält man die Longe mit dem Pferd, die restlichen Schlingen, die bei nicht voll genutzter Länge entstehen,

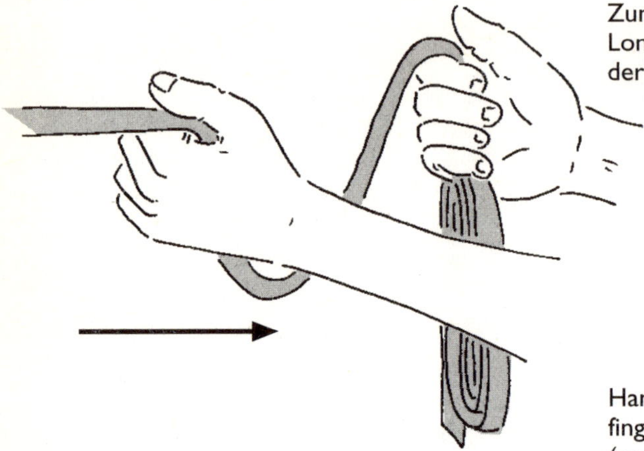

Zum Verkürzen der Longe übergibt die Longenhand die eingesammelten Schlingen der Longe an die Peitschenhand.

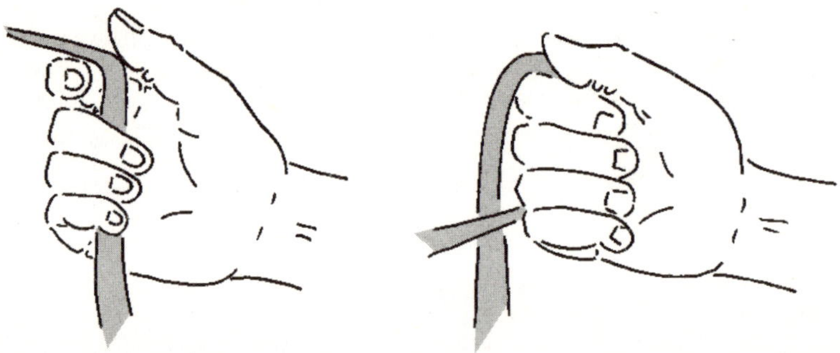

Handhaltung der Longe: mit dem Zeigefinger von unten (links) oder wie ein Zügel (rechts).

Handhabung der Longe

»Jeder Handwerker muß mit seinem Handwerkszeug routiniert umgehen können. Longe und Peitsche sind unser Handwerkszeug beim Longieren.«

Man sollte sich nicht scheuen, das Aufnehmen, Verlängern und Verkürzen der Longe erst ohne Pferd zu üben.

Eine Idee ist es, die Longe dazu zum Beispiel an einem Zaun festzubinden. Man nähert sich dem Zaun und sammelt dabei die Longe ein. Die Schlingen der Longe werden unverdreht in der Hand aufgenommen, die auch die Peitsche hält. Man entfernt sich zügig wieder vom Zaun und wickelt die Longe ohne Rucken sanft und glatt wieder ab. Dabei ist die Peitsche konstant und ruhig auf ein gedachtes Fesselgelenk zu richten.

Dies sind grundlegende Handgriffe.

Warum sollte man sie nicht erst ohne ein Pferd üben, das, wenn es sensibel und fein ausgebildet ist, auf jedes unbedachte Wippen der Peitsche reagiert und mit ungewolltem Rucken am Kappzaum verwirrt wird?

werden in der rechten Hand gehalten, zusammen mit der Peitsche. Zum Verkürzen der Longe, zum Beispiel beim Verkleinern des Zirkels, übernimmt die rechte Hand die Schlingen, die entstehen, wenn die linke Hand an der Longe entlanggleitet und die Longe »einsammelt«.

Die Hand, die die Longe mit dem Pferd hält, greift an die Longe wie an den Zügel oder so, daß der Zeigefinger unterhalb der Longe ist, die zum Pferd führt.

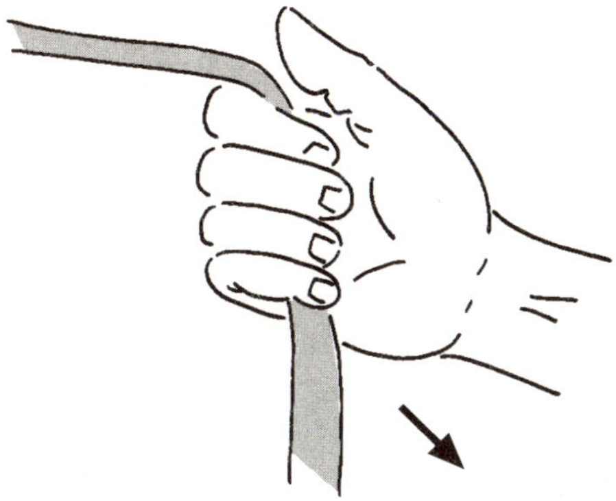

Starke, disziplinierende Parade an der Longe: deutlich und ruckartig wird die Hand zum Körper des Longierers geführt.

Vom Klingeln bis zum Rucken: Signale am Kappzaum

Wie im Kapitel über die Ausrüstung beschrieben, ist der Kappzaum sowohl sanft und vorsichtig, aber auch stark disziplinierend einsetzbar. Dazu gibt man verschiedene Hilfen über die Longe.

Zur Disziplinierung gibt es die absolut **starke Parade.** Das ist ein starker, kurzer Ruck am Kappzaum, mit der Hand von oben nach unten oder von außen nach innen. Dies kann dem Pferd durchaus einen plötzlichen Schmerz auf der Nase verursachen und sollte deshalb auch nur zur absoluten Verwarnung in ungehorsamen Ausnahmesituationen benutzt werden.

Achtung: Der verantwortungsbewußte Longenführer setzt diese Hilfe wirklich nur dann ein, wenn er sich sicher ist, daß das Pferd jetzt absolut frech ist und nicht etwa aus Angst oder Mißverständnis nicht gehorcht beziehungsweise gehorchen kann!

Meist genügt zu Anfang der Longierausbildung wirklich nur einmal ein solcher Ruck, um das Pferd fortan gehorsam sein zu lassen.

Ein leichtes **Klingeln** oder **Vibrieren** reicht in Zukunft als Verwarnung. Dazu bewegt man die Longe leicht aus dem Handgelenk heraus, so daß die Longe sich wellenartig zum Kappzaum schlängelt. Hiermit fordert man die Aufmerksamkeit des Pferdes an, beruhigt oder verlangsamt es.

Wenn der Longierkandidat sehr stark nach außen drängelt und sich dabei in den Kappzaum hängt, wäre es falsch, dem durch Gegenzug zu begegnen. Mit **leichtem Zupfen** an der Longe versucht man, eine sanfte Verbindung zwischen Hand und Pferd herzustellen. Sobald das Pferd wieder zieht, zupft man auch wieder, bis es mit leichter Anlehnung an den Kappzaum geht. Zu dem Zupfen gehört das leichte Annehmen und Nachgeben.

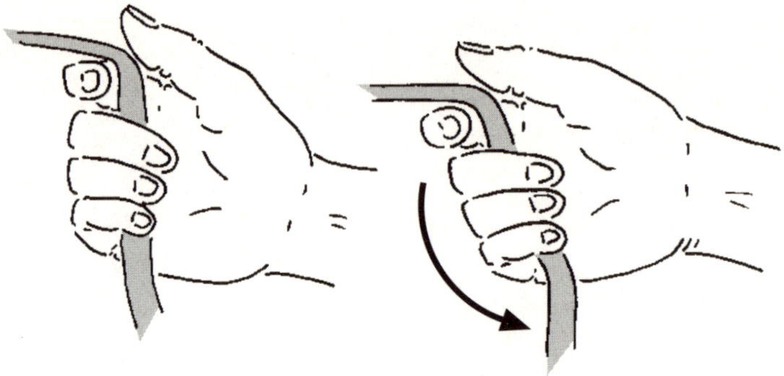

Halbe Parade an der Longe: annehmen und nachgeben.

Das Nachgeben kann durch eine leichte Drehung des Handgelenkes entstehen, bis zu dem Ausmaß, daß man den Arm deutlich Richtung Pferdekopf führt, bis zu ca. 30 cm. Mit nachgebender Hand veranlaßt man zum Beispiel Übergänge zwischen den Gangarten, damit sich das Pferd dabei vorwärts-abwärts streckt; bei einem jungen Pferd mit deutlichem Nachgeben, bei einem erfahrenen nur noch mit einem geringen Nachgeben.

Zupfen, vibrieren lassen der Longe: das Pferd wird aufmerksam gemacht, sanft gebremst oder vorsichtig ermahnt.

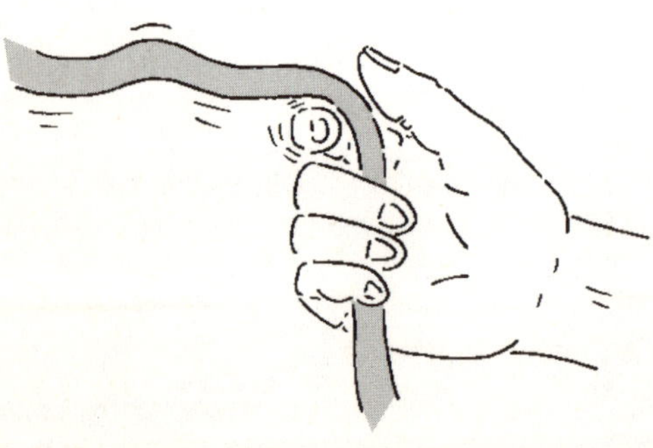

Zur Unterstützung: Die Peitsche

Die Peitsche gehört zwingend immer dazu. Auch wenn sich das Pferd deshalb erst ängstlich oder hektisch zeigt, sollte man sie doch dabei haben. Empfehlenswert ist es bei solchen Pferden, noch etwas Bodenarbeit zu machen und sie dabei mit der Gerte oder Peitsche überall abzustreifen, bis sie dies ruhig und vertrauensvoll akzeptieren. Die Peitsche ist dann nicht mehr so furchteinflößend.

Bei der Arbeit auf der linken Hand wird die Peitsche in der rechten Hand gehalten; in der anderen Richtung in der linken Hand, jeweils zusammen mit den Schlingen der Longe.

Die Peitschenspitze zeigt still auf das innere Hinterbein des Pferdes, auf eine Höhe zwischen Fessel- und Sprunggelenk. Um das Pferd anzutreiben, nachdem es das entsprechende Stimmkommando nicht direkt befolgt hat, wird die Peitsche leicht angehoben, locker aus dem Handgelenk, möglichst nicht mit einer großen Armbewegung.

Zum deutlicheren, massiveren Treiben wird die Peitsche von rechts nach links in einem Bogen von unten nach

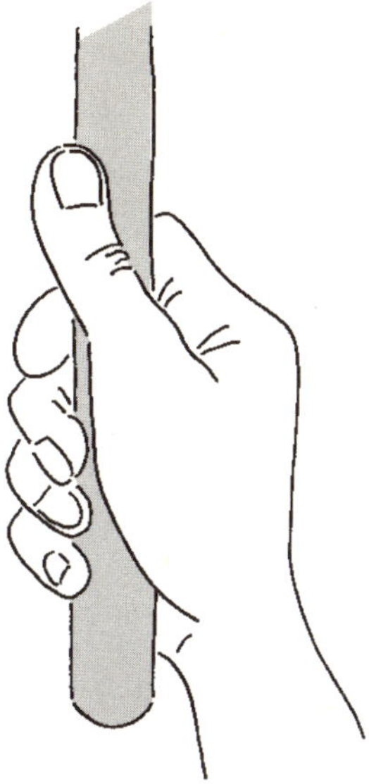

Handhaltung der Peitsche

oben geführt, so daß die Peitschenschnur ganz leicht (oder auch stärker) den Hinterschenkel des Pferdes touchiert. Je schneller und überraschend deutlich dies passiert, um so mehr kann man sein Pferd damit beeindrucken. (Beim Longieren auf der rechten Hand entsprechend umgekehrt).

Wenn das Pferd den Kreisbogen nicht gleichmäßig außen rund läuft und an einigen Stellen immer wieder nach innen drängelt, führt man die Peitsche mehr nach vorne, bis zur Gurtlage oder zur Schulter. Mißachtet das Pferd dieses Signal, so wird es auch dort mit der Peitschenschnur touchiert.

Grundsätzlich sollte man mit den Peitschenhilfen sorgsam und sparsam umgehen. Ängstliche Pferde müssen die Peitsche als etwas Normales und Ungefährliches kennenlernen. Sture Ignoranten sollen ihren Respekt davor behalten. Deshalb muß man sie gezielt, aber wenn nötig, einmal deutlichst einsetzen.

Versteht mein Pferd, was es tun soll?

Bei der Longenarbeit kann es immer wieder zu Mißverständnissen zwischen Pferd und Mensch kommen. Das Pferd reagiert auf ein Kommando oder ein Zeichen nicht korrekt, und der Mensch wird allmählich böse. Fairerweise muß sich hierbei der Mensch als das vernunftbe-

Gezielter Schlag mit der Peitsche: geschickte Drehung aus dem Handgelenk von rechts unten nach links oben (Longieren auf der linken Hand).

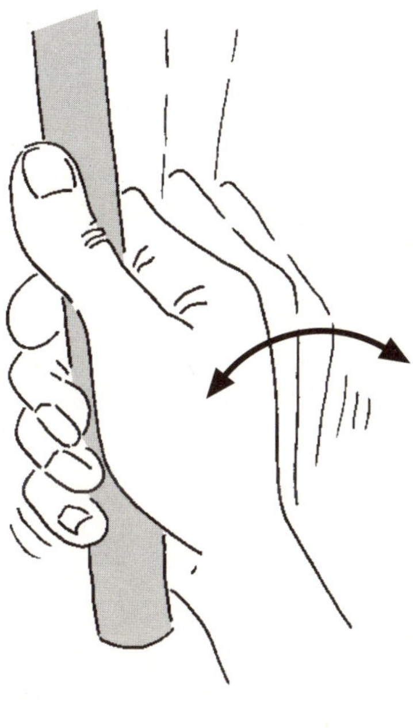

Handhabung der Peitsche

Auch die Handhabung der Peitsche sollte man bereits ohne Pferd geübt haben. Wie beim Longieren dreht man sich dabei ruhig und gleichmäßig auf einem kleinen Kreis um sich selbst.

- korrektes, ruhiges Halten der Peitsche auf einer konstanten Höhe
- leichtes Anheben aus dem Handgelenk bei ruhigem Arm
- gezieltes Touchieren
- Handwechsel hinter dem Rükken
- jeweils in der rechten und linken Hand

gabte Wesen fragen, ob er es dem weitaus weniger intelligenten Pferd denn überhaupt so vermittelt hat, daß es richtig verstehen konnte, was es soll.

Unbewußt passiert es leider oft, daß man auch **sich widersprechende Hilfen** gibt:

- Die Stimme fordert »Scheeerriiiiiitt«, aber die Peitsche wird gleichzeitig ungewollt leicht angehoben.
- Der Zirkel wird nicht gleichmäßig rund, aber nur, weil der Mensch selbst nicht in der Lage ist, sich kreisförmig um seine eigene Achse zu drehen. Der Longierer läuft einen eckigen Kreis, und das Pferd folgt dieser Linie.
- Das Kommando zum Angaloppieren wird zu leise und zu wenig aufmunternd gegeben, und das Pferd trabt fleißig weiter.

Beispiele dieser Art könnten endlos fortgesetzt werden. Bei diesen oder ähnlichen Problemen sollte man sich immer fragen, ob das Pferd richtig verstanden hat. Signale müssen immer eindeutig gegeben werden. Möglicherweise bittet man einen erfahrenen Reitkollegen, beim Longieren zuzuschauen, um sich selbst korrigieren zu lassen. Ein Außenstehender sieht vielleicht die eigenen, unbewußten Fehler bei der Körperhaltung, beim Einsatz der Peitsche oder Longe viel besser und kann darauf hinweisen.

Voraussetzungen zum Gelingen einer Lektion

Leistungsfähigkeit: Das Pferd ist körperlich und psychisch grundsätzlich in der Lage, das Geforderte zu tun. Nach ausreichender Gymnastizierung gelingt die Biegung auf beiden Händen gleichermaßen gut. Es ist bereits im Gleichgewicht, so daß es rechts und links herum in Ruhe und schöner Aufwärtsbewegung galoppieren kann. Beim Halten kann es geschlossen stehen.

Leistungsbereitschaft: Das Pferd ist bereit, die geforderte Lektion zu tun und setzt dem Wunsch des Ausbilders keinen Widerstand entgegen. Es hat verstanden, was es tun soll. Zum Beispiel trabt oder galoppiert es prompt an, läßt sich verlangsamen oder anhalten.

Gehorsam: Das Pferd ist brav, voll auf den Menschen konzentriert, entspannt und motiviert mitzumachen.

Wenn diese Voraussetzungen gegeben sind, dann werden die verschiedenen Lektionen des Longierens gelingen.

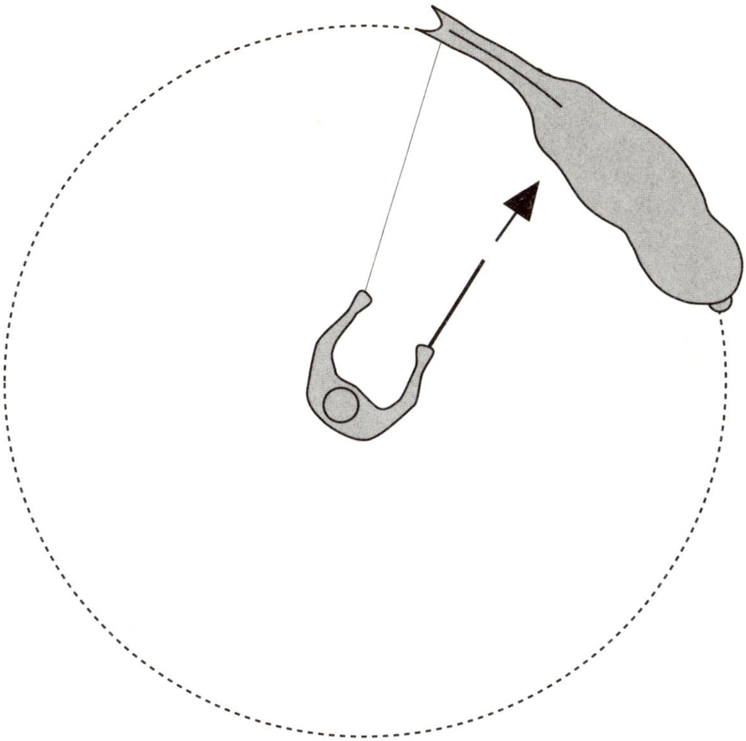

Wenn das Pferd in den Zirkel hineindrängelt, wird es durch die Peitsche wieder nach außen getrieben.

Gegen Langeweile: Ideen, Abwechslung, Motivation, Lob und Strafe

Natürlich kann das Longieren auf Dauer für das Pferd sehr eintönig und ermüdend werden. Es ist einfach nicht so interessant wie zum Beispiel ein Ausritt.

Hier sind vom Menschen Ideen und Abwechslung gefordert. Dazu wird das Longieren nicht immer nach dem gleichen Schema durchgeführt. Statt dessen übt man das eine Mal mehr Übergänge, dann mehr konstantes Verbleiben in einer Gangart, frisch und fleißig arbeiten (lassen) und dann auch zeitig beenden. Zur Abwechslung wird Stangen- oder Trailarbeit eingebaut.

Bei jungen Pferden reichen zu Anfang 5–10 Minuten, bei trainierten, älteren Pferden maximal 40 Minuten.

Achtung: Grundsätzlich gilt: Wenn es gut ist und nicht mehr besser werden kann, sofort aufhören! So bleibt das Pferd motiviert. Wenn es jedesmal longiert wird, bis es psychisch oder physisch fast erschöpft ist, dann bleibt jede Motivation auf der Strecke.

Zur Motivation führt immer auch das Loben. Bei jungen Auszubildenden wird es sehr viel genutzt. Bei älteren, erfahrenen Pferden lobt man natürlich zum Beispiel nicht mehr jeden gelungenen Übergang zwischen den Gangarten überschwenglich. Mit einer positiven Grundstimmung bei der Arbeit fühlt sich jedoch auch ein Routinier wohler und weiß durch ein Lob zwischendurch, daß es gut ist, wie er arbeitet.

So wie das Lob deutlich sein soll, so soll es auch die Strafe sein, wenn das Pferd wirklich ungehorsam ist. Kurz, heftig und deutlich, sofort, noch im Moment des Ungehorsams wird gestraft.

Pferde haben ein fotografisches Gedächtnis. Die Bilder »Frechheit« und die daraus folgende Sanktion müssen direkt aufeinander folgen. Wenn man nicht direkt strafen kann, weil man die Frechheit zunächst nicht erkannt hat oder man gerade nicht die Energie zum Strafen hat, dann kann man das nicht später nachholen. Das Pferd hat längst vergessen, was es falsch gemacht hat, ist verwirrt und unsicher. Und: Nach der deutlichen Sanktion sofort wieder Frieden anbieten! Auch Pferde sind nicht nachtragend; wir bekommen bei ihnen immer wieder die Chance, neu anzufangen oder eigene Fehler zu korrigieren.

Ohne geht's nicht – Die Grundlagen

Das Longieren wird grundsätzlich als gute Vorbereitung oder Ergänzung zum Reiten oder Fahren angesehen. Es stellt absolut keine schnelle »Zwischendurch-Aktion« dar, die man halbherzig erledigt, weil man womöglich keine richtige Zeit für sein Pferd hat. Beim sinnvollen Longieren ist es das Ziel, daß das Pferd sich weiter zum guten Reit- oder Fahrpferd entwickelt, das heißt: gehorsam und auf die Arbeit mit dem Menschen konzentriert ist, sensibel und prompt auf die Hilfen reagiert, sich im Rahmen seiner körperlichen Möglichkeiten in seinen Bewegungen weiterentwickelt.

Einstimmung auf die gemeinsame Arbeit: Vorbereitungen

Schon bei den Vorbereitungen für das Longieren fange ich an, für ein **gutes Arbeitsklima** mit einer gewissen Disziplin zu sorgen. Pferd und Longierer sollten nicht schon entnervt sein, wenn es endlich losgeht. Bereits beim Putzen, Aufzäumen, Satteln oder Gurten ist das Pferd gehorsam und anständig. Wenn ich meinem Pferd hier alle möglichen Frechheiten erlaube, etwa Herumzappeln oder Schubsen, dann kann ich nicht in Ruhe und Frieden beginnen. Mein Pferd erfährt schon bei den Vorbereitungen, daß man bei mir frech sein kann. Wieso sollte es mich als Longenführer dann plötzlich ernst nehmen?

Andererseits muß auch der Ausbilder sich selbst disziplinieren können. Er strahlt Ruhe und Stärke aus, vermittelt dem Pferd Vertrauen. Schlechte Laune oder der Streß des Tages sollten außen vor bleiben. Jetzt gibt es nur das Pferd und die bevorstehende freudige Arbeit mit ihm.

Natürlich müssen Trense und Kappzaum sorgfältig angepaßt sein (siehe Kapitel: Die richtige Ausrüstung). Die Zügel der Trense werden umeinander verdreht und mit dem Kehlriemen der Trense oder des Kappzaums unter den Ganaschen verschnallt. Am einfachsten ist es, sie vor dem Longieren abzuschnallen. Beim Satteln oder Auflegen des Longiergurtes gehen wir sanft vor und gurten in mehreren Schritten. Die verwendeten Hilfszügel, empfohlenermaßen Ausbinder, werden an den Sattel oder Longiergurt geschnallt, in passender oder als passend angenommener Länge. Sie werden aber NICHT bereits in die Trensenringe eingehakt oder -geschnallt.

Achtung: Solange die Hilfszügel nicht korrekt in die Trensenringe eingehakt

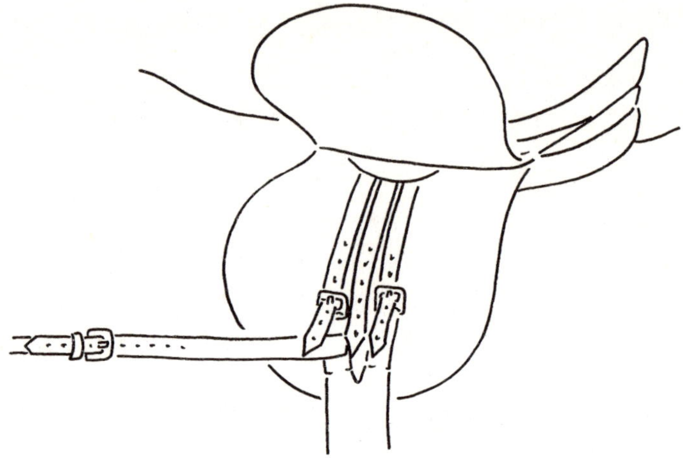

So werden die Ausbinder am Sattelgurt befestigt.

oder -geschnallt sind, müssen sie so am Sattel oder Longiergurt befestigt werden, daß sie nirgendwo hängenbleiben können, zum Beispiel an einem Torgriff. Ebenso sollte das Pferd nicht darin hinein- oder darauf treten können, sich dabei verheddern und womöglich in Panik geraten und stürzen. Nur im harmlosesten Fall reißt der Hilfszügel dann einfach.

Auch sollten die Steigbügel so am Sattel verschnallt sein, daß sie nicht einfach herunterrutschen können.

Die Longe hakt man in den mittleren Ring des Nasenbügels am Kappzaum ein. Mit Hilfe der Longe wird das Pferd ganz normal geführt, von links oder rechts. Dabei trägt man die Peitsche in der äußeren Hand; beim Führen auf der linken Seite des Pferdes z. B. also in der linken Hand. In der Peitschenhand werden auch die Schlingen der aufgerollten Longe gehalten. In der rechten Hand ist nur das Pferd. Die Peitschenspitze zeigt nach vorn, die Schnur wird mit in der Hand gehalten und schleift nicht über den Boden hinterher.

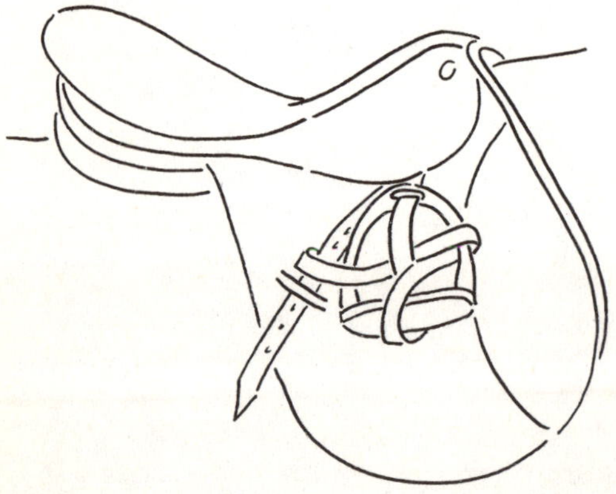

Verschnallung der Steigbügel am Sattel, damit sie beim Longieren nicht herunterrutschen.

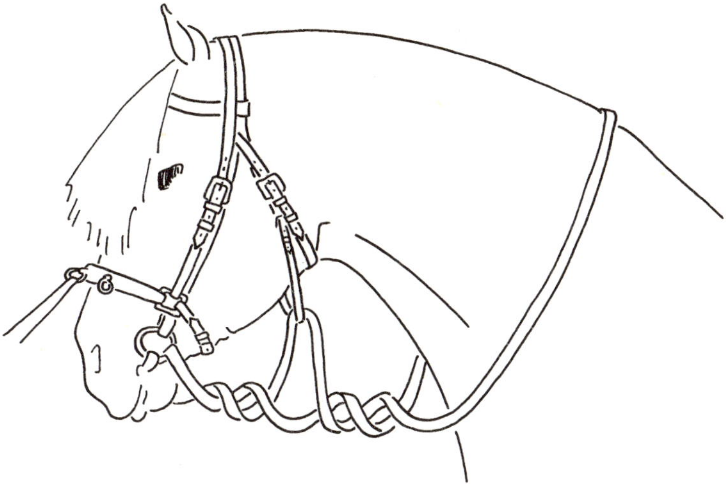

Die Zügel verschlingt man mehrmals umeinander und befestigt dann eine Schlaufe mit dem Kehlriemen der Trense.

Auf dem Longierplatz, egal ob es ein Longierzirkel ist oder ein großer umzäunter Platz, halten wir etwa dort an, wo der Longierer bei seiner Arbeit stehen wird. Hier soll das Pferd erst einmal ruhig stehenbleiben und geduldig abwarten; wie ich es auch erwarte, wenn ich ein ausgebildetes Reit- oder Fahrpferd vor mir habe.

Das Pferd auf den Zirkel hinausschicken

Nun ist zu entscheiden, auf welcher Hand ich zuerst arbeiten möchte. Es sollte die vermeintlich bessere sein, das heißt die, wohin sich das Pferd besser biegt.

Nehmen wir zunächst an, daß es bei meinem Pferd die linke Seite ist, also beginne ich das Longieren auf der linken Hand. Dazu nehme ich die Peitsche in die rechte Hand, sowie auch die Schlingen der noch aufgerollten Longe. In der linken Hand habe ich nur das Pferd an der noch kurzen Longe. Die Peitsche

Die »Schokoladenseite« meines Pferdes

Jedes Pferd ist von Natur aus zu einer Seite etwas mehr gebogen. Diese Seite wird allgemein als die bessere bezeichnet, weil das Pferd bei der Arbeit auf der entsprechenden Hand eher dazu in der Lage ist, sich zu biegen, zu entspannen, locker zu gehen, sein Gleichgewicht und den Takt der Bewegung zu finden. Ziel der Ausbildung muß es sein, hier auszugleichen und das Pferd geradezurichten.

Bei den meisten Pferden ist die »Schokoladenseite« die, wohin die Mähne nicht fällt. Bei wirklich symmetrischen Doppelmähnen ist es dann meist die linke Seite. Wie immer bestätigen auch hier Ausnahmen die Regel!

halte ich vor mir, mit der Spitze hinter das Pferd zeigend, etwa auf Höhe des Fesselgelenkes.

Ich drehe mich um, mit dem Blick zur Kruppe des Pferdes, und trete auf die Kruppe des Pferdes zu. Dabei läßt man die Longe länger werden und dreht sich zum Pferd, mit der etwas angehobenen Peitsche das Pferd von sich wegtreibend. Ohne Ruck wird die Longe so lang durch die Hand gleitend verlängert, bis das Pferd weit genug auf den Longierzirkel herausgetreten ist.

Dies alles soll bei ruhigem, entspanntem Schrittempo stattfinden. Hektik ist nicht angebracht.

Ängstliches Davonstürmen vor der Peitsche

Vor der Peitsche muß das Pferd Respekt, darf aber keine Angst haben. Wenn es dennoch, zum Beispiel zu Beginn der Longenarbeit, deshalb entsetzt davonstürmt, sollte man noch einmal zur Bodenarbeit zurückkehren und das Pferd sowohl mit der Gerte als auch mit der deutlich längeren Peitsche vertraut machen. Dazu berührt man es mit der Peitsche überall, streicht am Körper entlang, läßt die Peitschenschnur dabei auch lose herabbaumeln. Ganz in Ruhe geht man vor, sachlich, aber auch bestimmt. Das Pferd darf nicht einfach so wegrennen wollen. So viel Disziplin und Vertrauen zum Ausbilder sollten schon vorhanden sein, daß das Pferd neben ihm einigermaßen ruhig stehenbleibt. Mit viel Lob beendet man diese Gewöhnungsarbeit.

Gar nicht so einfach: Der gleichmäßig runde Zirkel

Nun ist unser Longierpferd auf dem Zirkel – linke Hand – angekommen und bewegt sich dort im Schritt, noch ohne Ausbindung. Der Mensch steht in der Mitte auf einem Punkt, sich fast um seine eigene Achse drehend oder auf einem kleinen gleichmäßigen Kreis mitlaufend.

Der eigene Bauchnabel zeigt auf einen gedachten Punkt auf der Schulter des Pferdes. Man steht aufrecht und gerade, aber locker und unverkrampft. Die Arme hängen gerade aus den nicht hochgezogenen Schultern. Die Ellbogen sind gewinkelt. Die Longenhand (links) zeigt zum Maul des Pferdes. Die Peitschenhand (rechts) hält die restlichen Schlingen der nicht ganz abgewickelten Longe und die Peitsche. Die Spitze der Peitsche zeigt auf das Hinterbein, in der Höhe etwa zwischen Fessel- und Sprunggelenk. Normalerweise wird die Peitsche dort ganz ruhig gehalten. Sie dient zur Einrahmung des Pferdes zwischen Longe vorn und treibender Peitsche hinten. Mit ihr verstärke ich meine möglicherweise vom Pferd nicht zügig beachteten Stimmkommandos.

Wie beim Reiten lasse ich mein Pferd zu Beginn der Arbeit bis zu fünf Minuten ruhig im Schritt gehen.

Der Zirkel sollte dabei allmählich gleichmäßig rund werden.

Achtung: Beim Longieren sollte man sich zwischendurch selbst überprüfen, ob man wirklich einen gleichmäßig runden Kreis läuft. Nur dann gelingt es auf Dauer, daß der Zirkel korrekt wird. Dazu könnte man zum Beispiel einen fachkundigen Betrachter bitten, für ein paar Minuten zuzuschauen, wie man selbst

Das Pferd tobt ungestüm an der Longe

Falls das Pferd die Entfernung zum Menschen nutzt, um munter herumzubuckeln und zu rasen, muß man dies sofort unterbinden. Ein solches Verhalten untergräbt jede Disziplin, und außerdem ist das Toben auf dem zunächst relativ kleinen Zirkel für die Beine nicht gesund: deshalb der Kappzaum, am besten der spanische, damit hier gleich wieder für Disziplin gesorgt werden kann.

Dazu zupft man zunächst leicht am Kappzaum, läßt den Ring, in den die Longe eingehakt ist, etwas klingeln. Wenn eine solch kleine Verwarnung nicht ausreicht, darf man sofort am Kappzaum deutlich rucken bzw. reißen, bis wieder Disziplin herrscht.

Achtung: Manche Pferde versuchen dann umzudrehen oder – bei einem großen Reitplatz – wegzurennen. Das sollte absolut nicht passieren. Wehe dem Ausbilder, dessen Pferd das Wegrennen kennen und lieben gelernt hat!

Hier ist vom Longenführer absolut schnellste Reaktion gefordert: Je mehr sich der kleine Wildling aufdreht, um so schwerer ist er zu bändigen. Am besten ertappe ich ihn schon, wenn er nur daran denkt.

Bei wachsender Erfahrung mit vielen Pferden sieht man das solchen Spaßkandidaten schon am Gesicht an. Und – Pferde kann man sehr damit beeindrucken, wenn sie erkennen, daß dieser verflixte Zweibeiner eben doch schneller denken kann, als pferd das so glaubt.

Wenn das tobende Pferd wieder brav ist, bin ich natürlich auch wieder brav, lieb und freundlich. Ganz friedlich arbeiten wir weiter. Natürlich bleibt der Mensch auf der Hut. Wer weiß, wann der nächste Durchstarter kommt?

Erst wenn ich ein gehorsames, auf mich aufmerksames Pferd an der Longe habe, dann kann ich auch fein und sensibel damit arbeiten.

Sehen wir das Longieren als Ausbildungsschritt für unser zukünftiges Reit- oder Fahrpferd, so möchte niemand ein Pferd, das unter dem Sattel erst einmal munter zu toben anfängt.

Bei sehr dominanten Pferden, die womöglich auch noch bewegungs- und reizarm in einer Box gehalten werden, kann der aufgestaute Bewegungsdrang wirklich zu einem Problem werden. Eine kritische Selbsteinschätzung des Longierers ist hier nötig. Wenn man sich noch nicht zutraut, auch dem beschriebenen Dominanzproblem erfolgreich zu begegnen, sollte man mit einem solchen Pferd erst an der Longe arbeiten, wenn es nach Freilaufen oder Koppelgang ruhig und friedlich erscheint.

läuft und wie das Pferd auf dem Longierzirkel entsprechend geht.

Einfacher als auf einem großen Platz ist dies natürlich in einem gut eingezäunten Longierzirkel. Die Einzäunung ist die Begrenzung für das Pferd und dient dem eigenen Auge als Richtschnur. Weniger gut gymnastizierte Pferde haben auf einem Platz ohne gleichmäßige Zirkelbegrenzung außerdem das

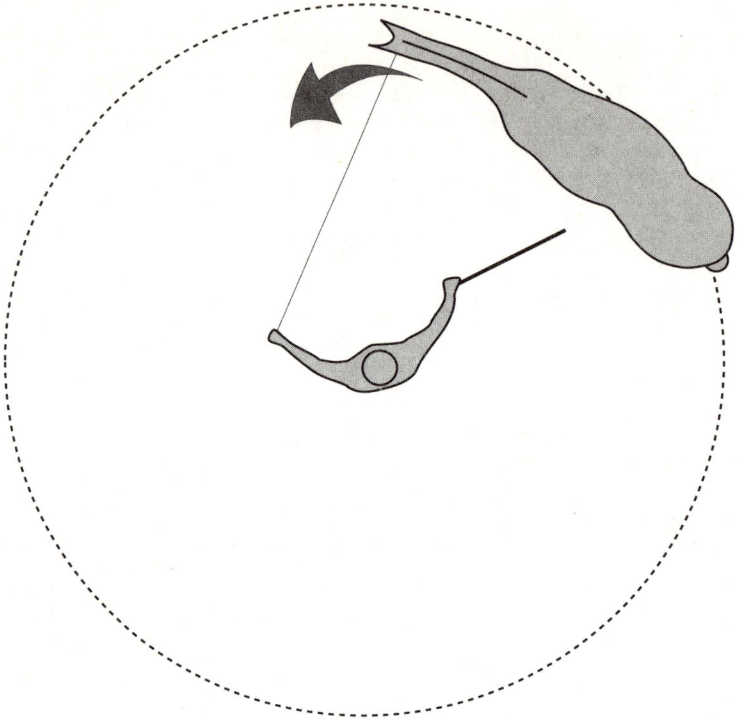

So nicht! Wenn das Pferd in den Zirkel hereindrängelt, machen viele folgenden Fehler: Damit die Longe nicht auf dem Boden schleift, drehen sie ihre Front vom Pferd weg, führen die Hand mit der Longe nach hinten und machen dem Pferd erst recht den Eingang in den Zirkel optisch frei.

Rechts oben: Im Anschluß an die Longierarbeit – Anfang zum Spanischen Schritt: Der Isländer reagiert auf das Antippen der Gerte am Vorderbein und hält es hoch.
Unten: Für zwischendurch: nur Fliegen ist schöner.

Problem, daß sie über die äußere Schulter ausfallen. Mit guter regelmäßiger Gymnastizierung und bei besserer Anlehnung an korrekt anstehende Ausbinder verschwindet dieses Problem. Dazu braucht es jedoch Zeit, Geduld und regelmäßiges gymnastizierendes Training.

Seite 72 links oben: Zirkel verkleinern: an treibender Position – näher zur Kruppe – wird das Pferd zu vermehrter Biegung veranlaßt und die Longe allmählich verkürzt.
Seite 72 unten: junger Friesenhengst in korrekter Vorwärts-abwärts-Dehnungshaltung im Trab.

Wie stehe ich zum Pferd?

Es ist wichtig, wirklich frontal und gerade zur Schulter des Pferdes zu stehen und sich gleichmäßig mitzudrehen. So vermittelt man dem Pferd Stärke, Größe und kontinuierliche Präsenz. Man macht sich groß und breit im Anblick des Pferdes. Die eigene gleichmäßige, ruhige Bewegung läßt auch das Pferd gleichmäßig und ruhig gehen.

Ein häufiger Fehler ist es, sich mit der inneren Schulter vom Pferd wegzudrehen, mit der Longenhand vom Pferd weg zeigend, auf der linken Hand zum Beispiel nach links. Dies passiert vor allem, wenn das Pferd zur Zirkelmitte gedrängelt kommt und die Longe lang bis zum Boden durchhängt. Aus Sorge, daß das Pferd auf die Longe tritt (was auch wirklich gefährlich ist!), weicht man mit der Hand nach hinten aus, dreht sich vom Pferd weg, weicht ihm damit noch mehr, verliert dabei seine Größe und lädt das Pferd erst recht ein, noch näher zu kommen.

Hereindrängeln in den Zirkel

Wenn das Pferd nach innen drängt, treibt man es wieder hinaus, indem die Peitsche mit ihrer Spitze nach vorne zur Schulter geführt und dabei angehoben wird.

Die Peitsche sollte schon vorne sein und in gewisser Weise drohen, wenn das Pferd nur den Ansatz macht, nach innen zu kommen. Wenn das Pferd nicht auf das kleine Zeichen der Peitsche reagiert, darf man auch hier deutlicher einwirken. Ich touchiere das Pferd an der Schulter mit der Peitsche oder trete dabei sogar einmal einen deutlichen Schritt drohend auf das Pferd zu.

Das Pferd zieht nach außen

Wenn mein Vierbeiner zu sehr nach außen zieht, ziehe ich nicht gegen und lasse mich natürlich auch nicht hinausziehen. (Auf Dauer hat das Pferd nämlich mehr Kraft!) Mit leichtem Zupfen am Kappzaum hole ich es wieder heran. Bei ganz hartnäckigen Typen, die mit ihrem Menschen zum Ausgang oder in sonst eine attraktive Richtung drängeln, darf man auch massiver werden, mit einigen deutlichen Rucken am Kappzaum. Auch hierbei sähe der Longierer mit einem Halfter alt und schwächlich aus!

Manchmal ist es auch hilfreich, etwas mehr in Richtung Kruppe des Pferdes zu gehen. Es wirkt treibend und führt zu etwas mehr Biegung, zum Beispiel auch zur Verkleinerung des Zirkels.

Das Pferd muß sehr angetrieben werden

Wenn das wirklich ermunternde, auffordernde, deutliche Kommando, zum Beispiel zum Antraben, nicht zügig befolgt wird, kann man es noch ein- bis maximal zweimal deutlichst wiederholen. Dazu muß es leicht mit der treibenden Peitsche verstärkt werden. Die Peitsche wird aus dem Handgelenk heraus von unten nach vorne oben geführt, mit frischer Wiederholung des Kommandos. Wenn das Pferd jetzt richtig reagiert, wird natürlich gelobt und wieder freundlich und ruhig weitergemacht.

Sollte es aber auf unser Treiben immer noch nicht reagieren, dann ist ein kleines »Donnerwetter« fällig. Ich trete mit einem Schritt deutlich drohend treibend hinter den Vierbeiner und setze die Peitsche ein. Man muß ihm einmal deutlich und massiv klarmachen, daß es auch anders geht! Wenn das Pferd richtig reagiert, dann muß man sofort und deutlich loben!

Kurze Zeit später sollte die gleiche Aktion wiederholt werden, natürlich wieder beginnend mit freundlichem, aber auffordernd deutlichem Kommando und den folgenden Möglichkeiten:

- prompte Reaktion, promptes Lob
  oder
- keine Reaktion, verstärktes Kommando, prompte Reaktion, promptes Lob
  oder
- immer noch keine Reaktion, »Donnerwetter«, ... siehe oben

Meistens reichen bei einem Pferd ein bis zwei derartige »Donnerwetter«. Danach ist die Feinfühligkeit des Menschen gefordert, um die Stimmhilfen immer feiner und geringer einzusetzen, bis für die Arbeit mit dem Pferd nur noch sparsamste Kommandos, ein wenig Schnalzen und ruhiges Lob erforderlich sind. Das Resultat ist ein sensibles, gehorsames Pferd.

Gas und Bremse: Treiben und Verlangsamen

Nachdem das brave Pferd auf dem äußeren Zirkel zu Beginn der Longenarbeit gut fünf Minuten ruhig gegangen ist, läßt man es – noch ohne Ausbindung – sanft und vorsichtig in den Trab »rollen«. Das Pferd soll dabei zügig, aber ohne Hast antraben. Dazu gehört, daß es gelernt hat, der auffordernden Stimme und dem entsprechenden Kommando prompt, aber ohne Angst, zu gehorchen. Dasselbe gilt auch für den Übergang zum Galopp oder für das vermehrte Treiben innerhalb einer Gangart.

Vertrauen, Lob und Strafe

Mit viel Lob und dosierten Sanktionen bei Ungehorsam oder Unaufmerksamkeit wird das Pferd sensibel und aufmerksam für meine Kommandos und befolgt sie allmählich immer zügiger. Nur so bekommt man auf Dauer ein fleißiges Pferd, das gelernt hat, daß es ihm bei guter Mitarbeit am besten geht.

Wie bremse ich das Pferd an der Longe?

Man beginnt wieder mit dem deutlichen Stimmkommando, ruhig, im Tonfall absinkend, mit langen Vokalen, zum Beispiel: Scheeeerriiitt oder Schschschsch oder Ruuuuhiiiig ...:

- prompte Reaktion, promptes Lob
- keine Reaktion, 1–2 mal wiederholtes Kommando, Reaktion, Lob
- keine Reaktion, wieder Kommando mit sanftem Klingeln am Kappzaum, Reaktion, Lob
- keine Reaktion, wieder Kommando mit deutlicherem Klingeln am Kappzaum, Reaktion, Lob
- keine Reaktion, »Donnerwetter«: deutlicher, herber Ruck am Kappzaum, entschiedenes Vortreten in die verbremsende Position halb vor dem Pferd, Reaktion, Lob

Achtung: Hier braucht man viel Fingerspitzengefühl. Gerade ängstliche Hektiker können beim Bremsen einen Longierer an die Zerreißprobe des eigenen Geduldfadens bringen. Bei solchen Pferden muß vorsichtig das Vertrauen gefestigt werden. Durch unbedachtes, zu heftiges Rucken am Kappzaum kann man unter Umständen auch viel Vertrauen zerstören. Man muß ein gewisses Maß an Erfahrung mitbringen, um die Grenze zwischen Angst und Hektik oder Ungehorsam und Toben zu erkennen.

Und – lieber eine Frechheit ungeahndet lassen als ungerecht strafen! Dieselbe Frechheit kann auch noch bestraft werden, wenn sie wiederholt geschieht und dann richtig erkannt wird. Verlorenes Vertrauen wieder herzustellen dauert viel länger!

Die gerechte Strenge

»Wenn der Mensch sein Verhalten dem Pferd gegenüber mit dem Begriff der ›gerechten Strenge‹ unterlegt, wird er gut fahren. Er wird damit am schnellsten das Vertrauen des Pferdes gewinnen und es am dauerhaftesten erhalten. Das Vertrauen zwischen Mensch und Pferd basiert auf den gleichen Verhaltensgesetzen, die das Zusammenleben in der Herde bestimmen: Wer sich den höheren Rang in der Herde erkämpft hat, übernimmt damit gleichzeitig die Verantwortung für die Schwächeren. Eine ähnliche Verpflichtung fällt dem Reiter in Krisensituationen zu: Vermag er durch seine eigene Festigkeit und Ruhe der Aufregung des Pferdes zu begegnen, wird er mithelfen, diese rasch wieder abzubauen. Läßt er sich selbst davon anstecken oder übertrifft er möglicherweise noch das Pferd, wird er sich nicht wundern dürfen, wenn sich das Pferd ebenfalls weiter in den Aufregungszustand hineinsteigert. Wiederholen sich solche Fehlleistungen des Menschen, geht mehr und mehr das Vertrauen des Pferdes zu diesem ›Ranghöheren‹ verloren, und zu den natürlichen Aufregungsgründen werden bald künstliche treten. Mit dem Verlust des Respekts geht aber eine der wichtigsten Basen des Gehorsams verloren.«

(Brigadier Kurt Albrecht: »Reiterwissen erlesen und erfahren«)

Es lernt den Menschen als freundlichen Boß kennen, den es aber bei der Arbeit stets zu beachten gilt.

Je jünger und unerfahrener ein Pferd ist, um so mehr »Geduld und Spucke« muß ich mitbringen. Viel Spucke vor allem, denn mit Reden halte ich die Aufmerksamkeit des jungen Pferdes bei mir. Es muß wissen, daß ich immer am Ball bin. Viel Lob bestätigt und verstärkt eine gewünschte Reaktion schon im Ansatz. Wenn ich eine Ungezogenheit schon im Entstehen erkenne, kann ich mit einem bestimmten »Lass das!« unter Umständen die nächste heftige Korrektur vermeiden.

Stoppen eines Supertankers: Das Anhalten

Ein Pferd über eine Distanz von sieben bis zehn Metern an der Longe bis zum Stand anzuhalten, ist nicht einfach und erfordert viel Fingerspitzengefühl, innere Ruhe und Geduld. Die ersten Versuche sollten wir nicht gleich starten, wenn unser Pferdchen noch in Rennlaune ist. Am ehesten gelingt es, wenn man nach fleißiger Arbeit die letzte Schrittsequenz immer langsamer werden läßt. Bei einem erfahrenen Pferd muß diese Lektion – wie alle anderen – jedoch direkt abrufbar sein.

Mit dem Stimmkommando »Haaaalt« oder »Steeeeh« oder einem Wort, welches das Pferd von der Bodenarbeit schon kennt, beginnt man. Zusätzlich tritt man vorsichtig schräg einen Schritt in Richtung vor den Kopf des Pferdes. Anfangs sollte man das Anhalten an einer äußeren Begrenzung üben, damit das Pferd nicht nach außen ausweichen kann. Die Peitsche wird gleichzeitig deutlich abgesenkt und absolut ruhig gehalten. Hat das Pferd so direkt angehalten, loben wir mit der Stimme, gehen ruhig zu ihm hin, streicheln es, geben ihm vielleicht eine kleine Belohnung und lassen eine kleine ruhige Pause entstehen, zur Entspannung des Pferdes und des Menschen. Dies fördert die Ruhe, Gelassenheit und Geduld des Pferdes.

Wir haben dabei Gelegenheit, die Ausrüstung zu kontrollieren, möglicherweise noch einmal nachzugurten oder die Ausbinder einzuschnallen. Mittendrin können wir aus dem Anhalten die Hand wechseln. Am Ende der Arbeit lösen wir die Ausbinder, loben das Pferd und verlassen ruhig und zufrieden unseren Longierplatz.

Wenn das Pferd nicht wie beschrieben sanft und prompt auf unser Stimmkommando richtig reagiert, verstärkt man es durch leichtes Klingeln mit der Longe am Kappzaum, senkt die ruhig gehaltene Peitsche und tritt wieder vor das Pferd. Gerade zu Anfang der Longenausbildung ist hier Geduld gefordert. Mehrere Male sollte man dies so im Guten versuchen.

Wenn das jedoch nichts nützt, ist mehr Strenge gefordert: ein deutlicher, energischer Ruck am Kappzaum, ein energischer Schritt auf den Kopf des Pferdes zu. Dies sollte an einer äußeren Begrenzung passieren, damit das Pferd nicht nach außen ausweichen kann, um womöglich erst richtig loszurennen. Mit der Longe vorne und der Peitsche, die hinten hinter dem Pferd bleibt, aber abgesenkt, wird das Pferd eingerahmt. Viele Pferde reagieren überrascht, und die meisten bleiben sofort stehen. Dann muß richtig gelobt werden: hingehen, streicheln, Leckerli geben, Pause.

Absolut falsch wäre es, wenn es denn nicht gleich gelingt, frustriert einfach aufzuhören, nach dem Motto: »Klappt ja sowieso nicht.« Doch, es muß klappen; ich habe etwas elementar Wichtiges vom Pferd gefordert, dann muß ich es auch durchsetzen! Sonst lernt mein Pferd: »Mit diesem Menschen kann ich's ja machen.«

Mit einem Kappzaum, am besten mit der spanischen Serreta, kann sich der Longierende durchsetzen. Nur mit einem Halfter sind Disziplinierungsmöglichkeiten fast nicht gegeben. Wäre die Longe in der Trense eingehakt, müßte man über das Gebiß dort agieren. Was das für ein gefühlvolles, sensibles Pferdemaul bedeutet, mag sich jeder selbst ausmalen. Besonders bei jungen, noch nicht gerittenen Pferden kann dadurch viel Schaden angerichtet werden.

Von Anfang an muß das Pferd lernen, außen auf der Zirkellinie in Bewegungsrichtung anzuhalten. Das Pferd soll dort ruhig und geduldig stehen und die nächste Aktion abwarten. Ich könnte es wieder antreten lassen, oder ich gehe zum Pferd, um an der Ausrüstung etwas zu richten.

Es ist absolut entnervend, wenn ein Pferd irgendwo schon gelernt hat, sich zum Anhalten in den Zirkel hineinzudrehen und womöglich zum Longierer zu kommen, um erst bei ihm anzuhalten. Einem Pferd dies wieder abzugewöhnen, ist sehr langwierig. Natürlich kann ich mein Pferd schneller erfolgreich anhalten, wenn ich es vom Longierzirkel einfach zu mir hereinziehe und dann greife. So verbaue ich mir aber weitere Ausbildungsmöglichkeiten. Zum Beispiel, mein Pferd später aus dem Stand direkt antraben zu lassen.

Andersherum: Handwechsel

Für einen Handwechsel wird das Pferd **außen auf der Zirkellinie** angehalten. Die Peitsche wird weiter in der gleichen Hand behalten, umgefaßt und mit der Spitze nach hinten hinter den Ausbilder gehalten. Der Ausbilder geht ruhig zum Pferd. Die Longe wird dabei eingesammelt und in regelmäßig großen Schlingen aufgewickelt. Das Pferd wird gelobt, gestreichelt, bekommt ein Leckerli. Wir machen eine kurze Pause.

Die Ausrüstung kann kontrolliert werden; Hilfszügel werden möglicherweise verändert. Ruhig werden Peitsche und Longe in den Händen getauscht. Die Peitsche wird dabei hinter dem Rücken des Ausbilders in die neue Hand umgegriffen. Das Pferd wird im Schritt vorsichtig umgedreht, und man läßt das Pferd wieder auf den Zirkel hinausgehen.

Der Ausbilder tritt wie zu Beginn der Arbeit Richtung Kruppe des Pferdes, dreht sich dann zum Pferd, treibt es mit der Peitsche auf den Zirkel hinaus von sich weg. Die Peitsche wird hinter das Pferd gehalten und dann auf die Hinterbeine gerichtet. Ohne Rucken am Kappzaum wird die Longe abgewickelt. Der Mensch nimmt seinen Platz in der Mitte des Longierzirkels wieder ein, und die Arbeit auf der neuen Hand beginnt.

Wie ein großes S: Wechsel durch den Zirkel

Um einen Handwechsel durchzuführen, kann man das Pferd auch, ohne anzuhalten, durch den Zirkel wechseln lassen, zunächst im Schritt, später auch im Trab. Diese Lektion sollte man jedoch erst beginnen, wenn das Pferd es sicher beherrscht, überall auf dem Zirkel anzuhalten und ruhig stehenzubleiben, ohne sich in den Zirkel hereinzudrehen. Die Arbeit auf beiden Händen muß bereits recht gleichmäßig gelingen.

Um den Wechsel durch den Zirkel vorzubereiten, arbeiten wir für einige Runden auf einem kleineren Zirkel. Bei gleichzeitigem entsprechendem Stimmkommando, zum Beispiel »Wechsel«, wird der Pferdekopf sanft ein wenig nach innen gezupft. Man macht einen deutlichen Schritt seitwärts in die Longierrichtung, nach rechts auf der rechten Hand. Damit wird dem Pferd optisch der Weg verstellt. Unter der Longe hindurch wechseln wir die Peitsche in die andere Hand und halten sie etwas vor den Pferdekopf. So lenkt man das Pferd auf den Weg durch den Mittelpunkt des Longierzirkels. Möglicherweise muß man dazu selbst noch einen Schritt weiter zurücktreten. Auch die Longe wird in der Hand gewechselt. Mit der Peitsche hinter dem Pferd treiben wir das Pferd wieder hinaus auf den Longierzirkel und kehren dann auf unsere Position in dessen Mitte zurück.

Zu dieser Aktion braucht man schon ein gewisses Geschick im Umgang mit seinem Handwerkszeug. Das Aufgreifen, Umwechseln und wieder Abwickeln der Longe muß zügig und ohne Verheddern gelingen. Beim Herumführen der Peitsche hinter dem Rücken darf man diese nicht fallen lassen oder unbedacht bewegen. Die sanfte Verbindung der Hand über die Longe zum Kappzaum muß stetig bestehen bleiben. Die Longe sollte dabei nicht über den Boden schleifen. Ohne Rucken am Kappzaum werden Peitsche und Longe in den Händen getauscht; gleichzeitig wird das Pferd sanft herumgeleitet.

Der **Bewegungsfluß** sollte bestehen bleiben; ein fleißiger, ruhiger Schritt ist anzustreben, später auch der Trab. Das Pferd darf nicht hektisch oder plötzlich stockend reagieren, wenn man ihm auf einmal mit dem eigenen Körper und der Peitsche den Weg versperrt. Mit der Stimme wird das Pferd aufmunternd in der Bewegung gehalten.

Der Wechsel durch den Zirkel ist eine schwierige Lektion, die einige Übung und Geduld erfordert. Erst wenn sie im Schritt ruhig und harmonisch gelingt, kann man auch zur entsprechenden Trabarbeit kommen. Im Galopp ist sie nicht zu empfehlen, denn es müßte ein fliegender Galoppwechsel beim Wechsel von einer Biegung in die andere gefordert werden. Dies wäre nur etwas für weit fortgeschrittene Könner.

Die Uhr im Auge behalten: Dauer der Longenarbeit

»Lieber kurz, fleißig und gut, als lang, eintönig und immer schlechter!«

Ab dem Moment, wo ich mein Pferd auf den Longierzirkel hinaustreten lasse und die konzentrierte gute Zusammenarbeit beginnt, sollte ich **maximal 40 Minuten** rechnen. Weniger ist oft mehr!

Mensch und Pferd sollten – im Idealfall – absolut gut aufeinander konzentriert sein. Auch der Mensch selbst hält das meist nur bis zu 40 Minuten aus.

Je jünger das Pferd, um so kürzer die

Zeit, zu Anfang maximal 10 Minuten! Und – wenn es gut ist und nicht mehr besser werden kann, aufhören!

Aber immer im Guten aufhören! Andererseits könnte zum Beispiel genau nach 39 Minuten mein Pferd entscheiden, daß es jetzt gerne ein wenig Unsinn machen möchte, und statt vom Trab zum Schritt durchzuparieren, galoppiert es munter los. Dann muß leider noch ein bißchen weitergearbeitet werden: Disziplin wiederherstellen durch Rucken am Kappzaum, zurück zum Trab, Durchparieren zum Schritt. Zum Schluß noch der Übergang vom Trab zum Schritt.

Wenn es dann gut ist, sollte man schnellstens zum Ende kommen. So lernt das Pferd zum Abschluß der Arbeit gleich noch einmal ganz genau, daß auf Dauer nur Disziplin wieder auf die Weide oder in den Stall führt. Kurz, aber herzhaft wieder Konzentration und Gehorsam herstellen und im Frieden aufhören; die Aktion darf keinesfalls in endlose Schikane ausarten!

Statt Zügel: Ausbinder

Nach einigen Minuten Schritt und einigen Übergängen vom Schritt zum Trab und umgekehrt ist dann der Zeitpunkt gekommen, um die Ausbinder einzuschnallen.

Zur sinnvollen Gymnastizierung des Pferdes, speziell für das Reiten, muß es lernen, in einer korrekten Haltung zu gehen, damit es den Reiter später richtig huckepack nimmt. Es soll sich entspannt vorwärts-abwärts dehnen, den Rücken aufwölben, von hinten gut und weit untertreten. Dabei findet es Anlehnung an das leicht anstehende Gebiß. Die Anlehnung gibt es nur, wenn das Pferd am Gebiß auch eine Stütze findet. Dies ist am besten mit Ausbindern zu erreichen.

Die richtige Ausbinderlänge finden

Die richtige, passende Länge der Ausbinder zu finden ist nicht ganz einfach. Grundsätzlich gibt es für ein einzelnes Pferd auch nicht einfach die eine passende Länge, sondern es kommt immer darauf an.

Generell ist das Ziel, daß das Pferd das Maul etwa in Buggelenkshöhe hat und bei sanfter Anlehnung an das Gebiß die Stirn-Nasen-Linie etwas vor der Senkrechten gehalten wird. Je weiter das Pferd gymnastiziert und im Gleichgewicht ist, um so tiefer herab kann es sich dehnen und dabei den Rücken lockern.

Beim Longieren ist die wichtigste Gangart der Trab. Hier findet das Pferd am einfachsten sein Gleichgewicht, Takt und Losgelassenheit. Deshalb muß die Länge der Ausbinder primär für diese Gangart passen.

Hier gilt es: ausprobieren, sich sein Pferd in der Bewegung kritisch betrachten. Unter Umständen muß man verschiedene Längen ausprobieren. Beim Trab haben wir eine mittlere Länge für die Ausbinder.

Für den Schritt müßten sie etwas länger sein. Wenn ich bei der Longenarbeit nur kürzere Schrittpausen einfüge, muß ich dafür aber die Ausbinder nicht jedesmal länger schnallen. Beginne ich mit einem untrainierten oder sehr steifen Pferd zunächst mit viel intensiver Schrittarbeit,

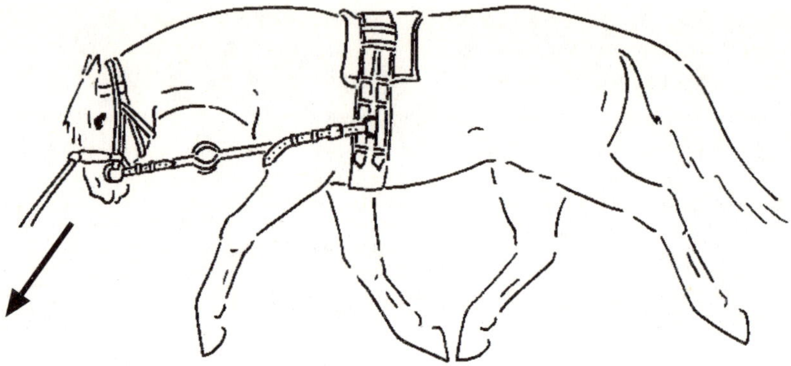

Gute Vorwärts-abwärts-Dehnungshaltung bei richtiger Länge der Ausbinder. Maul auf Höhe des Buggelenkes, Stirn-Nasen-Linie leicht vor der Senkrechten.

Diese Ausbinder sind zu kurz: bei »falschem Knick« zwischen dem zweiten und dritten Halswirbel gerät die Stirn-Nasen-Linie hinter die Senkrechte.

so sind die Ausbinder dementsprechend länger zu schnallen. Nur so kann das Pferd sich weit nach unten dehnen, um eine Anlehnung an das Gebiß zu finden, und der Schritt wird wenig gestört. Der Takt des Schritts ist von allen Gangarten am störanfälligsten. Hier muß ich mir mein Pferd kritisch anschauen.

Für intensive Galopparbeit mit einem trainierten, schon weiter ausgebildeten,

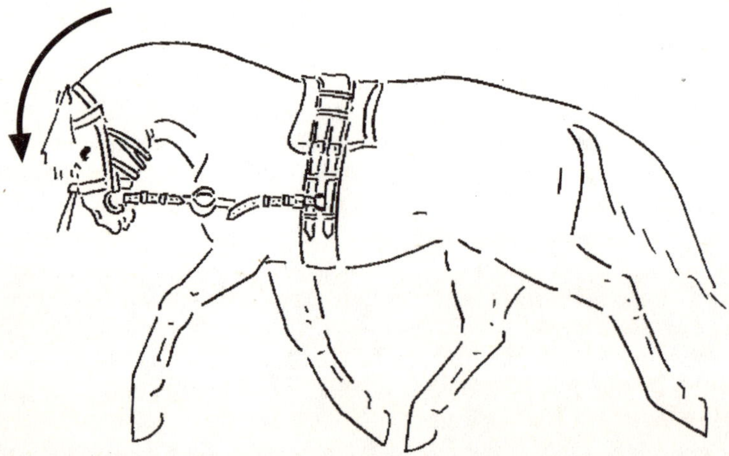

gut gymnastizierten Pferd sollten die Ausbinder ein wenig kürzer sein als bei der Trabarbeit. Für die ersten kurzen Galoppreprisen neben guter Trabarbeit kann man sie aber erst einmal in der Trablänge belassen.

Zu Beginn der Ausbildung eines jungen Pferdes wird sehr lang geschnallt, um das Pferd allmählich an das Gebiß zu gewöhnen und nicht Panik wegen der plötzlichen Verschnürung entstehen zu lassen.

Bei der Arbeit auf einem möglichst großen Zirkel haben die Ausbinder innen und außen die gleiche Länge. Das Pferd gewöhnt sich so schon daran, daß der äußere Zügel später konstant da ist und Anlehnung bietet, während am inneren Zügel angenommen und nachgegeben wird. Bei allmählicher Biegung des Pferdes entsprechend der Zirkellinie dehnt sich das Pferd an den äußeren Ausbinder. Der innere Ausbinder wird etwas lockerer.

Bei einem deutlich kleineren Zirkel und einem dementsprechend gut gymnastizierten Pferd kann der innere Ausbinder ein bis zwei Löcher kürzer geschnallt werden. Beim Handwechsel muß natürlich umgeschnallt werden! Kritisch ist darauf zu achten, daß das Pferd sich wirklich im Ganzen biegt und nicht nur der Hals schief gezogen wird und das Pferd dann über die äußere Schulter nach außen driftet. Durch eine solche Haltung würden Gleichgewicht und Takt gestört, das Pferd findet keine Losgelassenheit. Der gymnastische Effekt der Longenarbeit wäre dahin!

Alternativen: Andere Hilfszügel

Beim Einsatz anderer Hilfszügel ist zu beachten, daß das Pferd sich keine Fehlhaltung angewöhnt, die zu korrigieren später immer schwierig ist.

Gerade beim »Halsverlängerer« und beim Schlaufzügel besteht die Gefahr, daß das Pferd anfängt, sich einzurollen. Die Stirn-Nasen-Linie kommt hinter die Senkrechte. Das Pferd entwickelt den »falschen« Knick, kippt statt im Genick am dritten Halswirbel ab. Dabei hält es den Rücken fest und tritt nicht schwungvoll mit den Hinterbeinen weit vor unter seinen Schwerpunkt.

Beide Hilfszügel mögen ein Pferd zunächst auf dem Weg in die Vorwärts-abwärts-Dehnungshaltung unterstützen. Auf der Suche nach der Anlehnung an das Gebiß kann es jedoch zu der beschriebenen Tendenz kommen. Spätestens dann muß die Arbeit mit diesen Hilfszügeln beendet werden, um nicht eine später schwer zu korrigierende Fehlhaltung zu trainieren.

Der Gogue und das Chambon werden gern eingesetzt bei Pferden, die über dem Zügel gehen. Solange das Pferd versucht, in dieser Fehlhaltung mit vorgedrücktem Unterhals zu gehen, entsteht am Genickstück der Trense ein unangenehmer Druck, der das Pferd veranlassen soll, den Hals fallen zu lassen. Sobald das Pferd dem Druck nachgibt, den Hals fallen läßt und die Nase leicht nach vorne reckt, verschwindet der Druck. Bis Pferde diese Erfahrung machen, vergehen meist nur wenige Tage mit regelmäßiger Arbeit.

Achtung: Vorsicht beim ersten Einsatz dieser Hilfszügel: Manche Pferde gehen zuerst heftig gegen den Druck im Genick an.

Die neue, für das Pferd ungewohnte Haltung kann dem Pferd zu Anfang Muskelkater im Bereich von Hals, Genick und Rücken verursachen. Hier sollte man behutsam mit seinem Vierbeiner umgehen und die Arbeitsdauer von anfänglich maximal 10 Minuten langsam steigern.

Wenn das Pferd sich allmählich an die Vorwärts-abwärts-Dehnungshaltung gewöhnt hat und es soweit ist, daß es nun entspannt die Anlehnung an ein stetig anstehendes Gebiß kennenlernen soll, dann wechselt man zur Longenarbeit mit Ausbindern.

Egal welchen Hilfszügel man auch wählt: Beim allerersten Anschnallen oder Einhaken sollte man jeden Hilfszügel zunächst recht lang lassen, damit das Pferd sich an die zwangsläufig gegebene Einengung vorsichtig gewöhnt. Bei jungen, ungestümen Pferden nutzt man möglicherweise auch eine »Sollbruchstelle« in Form eines Einmachgummis (siehe Kapitel: Die richtige Ausrüstung).

Gymnastizierende Lektionen an der Longe

»Jedes Pferd wird durch gute Gymnastizierung besser – im Rahmen seiner Möglichkeiten.«

Das Pferd hat bereits die ersten Grundbegriffe der Arbeit an der Longe verstanden: Es läßt sich ohne Hektik auf den Zirkel hinausschicken, läuft den Zirkel in beiden Richtungen relativ gleichmäßig rund, kennt die Kommandos für Schritt, Trab und Anhalten. Es ist soweit gehorsam, daß es den treibenden und verlangsamenden Stimmkommandos willig folgt, ohne daß man es immer wieder drastisch korrigieren muß.

Schon bei dieser Basisarbeit ist zu erkennen, daß das Pferd eine vermeintlich bessere Seite hat. Hier läuft es meistens gleichmäßiger, lockerer, schwungvoller. Ist es die sogenannte »Schokoladenseite«, wo die Mähne nicht hinfällt? Oder ist das Pferd die seltene Ausnahme, wo Mähnenseite und bessere Seite identisch sind?

Gerade auf der schlechteren Hand erkennt man mit kritischem und geschultem Auge, daß das junge oder noch wenig gymnastizierte Pferd sich auf einer gleichmäßig gebogenen Linie bei weitem nicht so schön, rhythmisch und schwungvoll bewegt, als wenn es frei auf der Weide läuft oder im Spiel mit Herdenkollegen tobt. Es muß auf dem Zirkel wieder sein Gleichgewicht finden. Bevor dann zusätzlich ein Reitergewicht dazukommt, muß es schon eine gewisse Kondition und Kraft trainiert haben, um sich auch mit Reiter bald wieder im Gleichgewicht zu befinden.

Die Grundgangarten

Bei freier Bewegung erkennen wir bei unserem Pferd, welches Gangvermögen in ihm steckt. In unseren Träumen stellen wir uns vor, daß das Pferd auch mit uns auf seinem Rücken im Trab so daherschwebt, von hinten weit untertretend, die Beine schwungvoll nach vorne gestreckt, oder imponierend mit hoher Knieaktion weit ausgreifend. Der rund und aufwärts gesprungene kraftvolle Galopp läßt uns ins Schwärmen kommen. Für unsere zukünftigen Wanderritte wünschen wir uns einen fleißigen, aber ruhigen und raumgreifenden Schritt.

Bis zur Erfüllung dieser Vorstellungen ist es ein langer Trainingsweg, den wir an der Longe beginnen und dort immer wieder beschreiten können.

Alle erträumten Gangentwicklungen können jedoch nur im Rahmen der körperlichen Möglichkeiten des jeweiligen Pferdes Wirklichkeit werden. Auch nach jahrelangem Training macht man aus einem sehr paßveranlagten Isländer kaum ein Galoppwunder. Ein kalibriger Friese mit hoher Knieaktion wird nie solch einen schwebenden Trab zeigen wie ein Warmblüter vom Format eines Rembrandt. Ein Traber, der jahrelang Rennen nur geradeaus gelaufen ist, wird sich nicht schnell mit Leichtigkeit so geschmeidig biegen können wie ein gut veranlagtes junges Dressurpferd.

Jedes Pferd wird jedoch durch gute Gymnastizierung in seinen Gangarten besser. Auch unter dem Reiter ist dies natürlich möglich. Einem jungen oder wenig trainierten Pferd wird es aber an der Longe ohne Reitergewicht leichter fallen. So findet es schneller sein Gleichgewicht.

Trainiert werden bei guter Longenarbeit: Takt und Rhythmus, Losgelassenheit und Anlehnung, Schwung und Geraderichtung. Der Unterschied zwischen guter und schlechter Seite wird immer geringer. Das Pferd geht in ruhigem Tempo, tritt fleißig von hinten, geht im gleichmäßigen Takt in allen Gangarten und sucht die stetige leichte Anlehnung an das Gebiß.

Der Schritt

»Schritt kommt von schreiten, nicht von latschen oder hetzen.«

Der Schritt ist eine schreitende Gangart im Viertakt. Es ist die einzige nicht schwunghafte Gangart, da die Hufe des Pferdes sich längere Zeit auf der Erde als in der Luft befinden. Es sind immer zwei oder drei Hufe gleichzeitig auf dem Boden. Es gibt keine Schwebephase.

Mit den Hinterbeinen soll das Pferd

Fuß- und Phasenfolge im Schritt

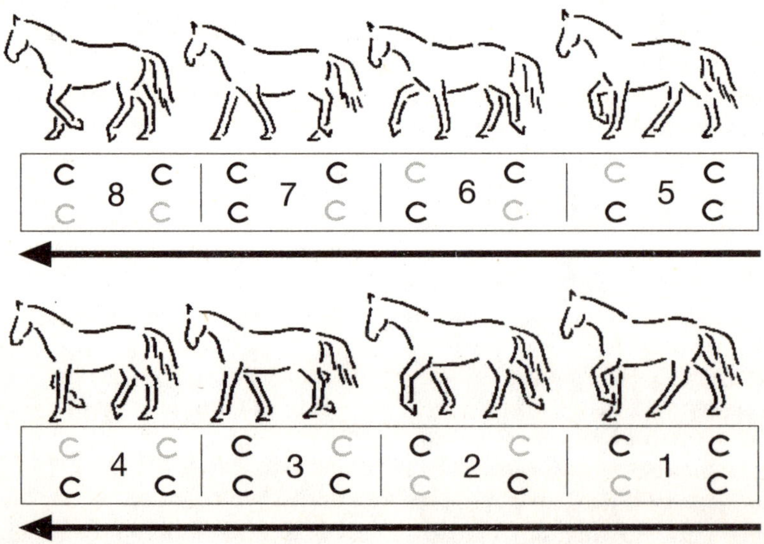

weit untertreten. Der Hinterhuf fußt dabei in die Spur des entsprechenden Vorderhufes oder sogar davor.

Gleichgewichtsprobleme des Pferdes zeigen sich im Schritt sehr deutlich. Das Pferd »eiert« auf der Zirkellinie. Beim Reiten hat man auf einem jungen, nicht gymnastizierten Pferd manchmal ein Gefühl wie auf einem schwankenden Schiff. Der Viertakt ist ungleichmäßig, das Tempo wechselt.

Es ist nicht einfach, einem Pferd an der Longe einen fleißigen, raumgreifenden, gleichmäßigen Schritt beizubringen. Solch ein Schritt ist anstrengend für das Pferd und bedeutet echte körperliche Arbeit.

Auf das Treiben mit der Stimme oder Peitsche reagiert das Pferd zunächst mit Antraben. Ganz geduldig muß man vorsichtig wieder durchparieren und noch sanfter, aber dennoch deutlich treiben. Je jünger und weniger gymnastiziert ein Pferd ist, um so kürzer bleiben zunächst die Phasen mit guter Schrittarbeit.

Ungestüme Pferde, die durch das Treiben im Schritt immer hektischer werden und womöglich nervös zu trippeln anfangen, sollten deshalb vor der anstrengenden Schrittarbeit durch ruhige und gleichmäßige Trabarbeit besänftigt werden. Danach beginnt man allmählich mit kleinen Schrittphasen.

Das Pferd soll dabei den Hals fallen lassen, sich wohlig nach vorwärts-abwärts dehnen. Wenn man Ausbinder verwendet, muß hier besonders darauf geachtet werden, daß sie nicht zu kurz sind. Wenn das Pferd sein Maul mindestens auf der Höhe des Buggelenkes trägt (besser noch tiefer!), sollte die Stirn-Nasen-Linie etwas vor der Senkrechten sein, bei stetiger, leichter, vertrauensvoller Anlehnung an das Gebiß. Wichtig ist es hierbei, einen Blick für den freien Schritt seines Pferdes zu haben. Sobald der Schritt durch die Anlehnung an das Gebiß gestört zu sein scheint, müssen die Ausbinder für die gute Schrittarbeit zunächst noch länger geschnallt bleiben. Schrittphasen werden ganz zu Anfang nur ohne Ausbinder oder als kurze Pausen zwischen guter Trabarbeit eingelegt.

Es ist ein langer Weg, einen wirklich guten, taktreinen und raumgreifenden Schritt zu erarbeiten. Es kann dauern, bis er ganz locker, fleißig, in Losgelassenheit und mit sanfter Anlehnung gelingt. Geduld und Jahre kostet es, bis daraus ein versammeltes, majestätisches Schreiten wird.

Der Trab

»Guter Trab beruhigt und entspannt, gymnastiziert und kräftigt.«

Der Trab ist eine schwunghafte Gangart mit diagonaler Fußfolge. Eine Sprungphase entsteht nach dem Abfußen des ersten diagonalen Beinpaares vor dem Auffußen des anderen diagonalen Beinpaares. So ergibt sich ein Zweitakt. Es befinden sich immer zwei Hufe gleichzeitig auf der Erde, dazwischen ist die Sprungphase.

Mit den Hinterbeinen soll das Pferd auch im Trab möglichst weit untertreten. Der Hinterhuf fußt dabei fast in die Spur des entsprechenden Vorderhufes oder sogar davor.

Der Trab ist an der Longe die wichtigste und am häufigsten genutzte Gangart. Vor allem ein junges oder wenig

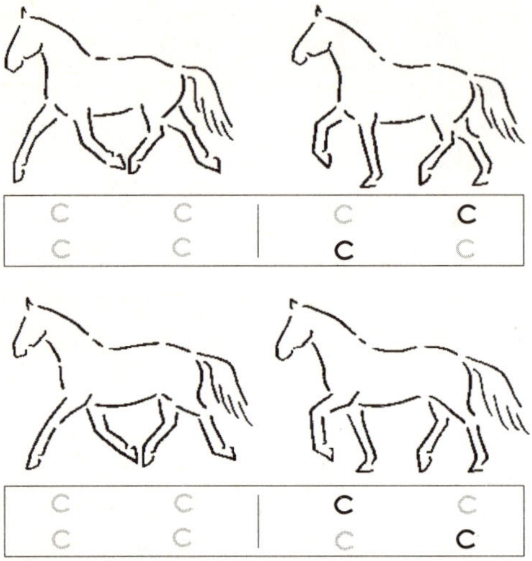

Fuß- und Phasenfolge im Trab

gymnastiziertes Pferd geht im Trab den runden Zirkel von Anfang an gleichmäßiger. Von Natur aus entwickelt das Pferd im Trab mehr Schwung und läuft dadurch gerader als im Schritt. Das Pferd wird geschmeidiger, die Muskulatur wird beansprucht und dadurch gestärkt. Es findet auf dem Zirkel bald sein Gleichgewicht.

Wichtig ist das jeweils zum Pferd passende Tempo. Wenn mein Pferd im gemütlichen Zuckeltrab daherschlurft, so mag das ruhig und harmonisch aussehen, aber es zeigt, daß es nicht aktiv arbeitet. Der gymnastische Effekt ist gleich Null. Hier gilt es, den Träumer durch energisches, sachliches Treiben mit der Stimme oder sogar Peitsche zu wecken, ohne ihn hektisch zu machen. Durch Übungen wie Zirkel verkleinern oder vergrößern, durch viele Übergänge, Traben über Stangen oder Cavaletti sollte mehr Aktivität und Abwechslung in die Longierarbeit gebracht werden. Bei guter Arbeit muß das Pferd natürlich gelobt und so zu motivierter Mitarbeit gebracht werden.

Wenn jedoch ein wilder Hektiker mit Stechtritten im Trab um den Longierer herumrast oder sogar wegzurennen versucht, so muß Ruhe und Gleichmäßigkeit in die Arbeit gebracht werden. Mit beruhigender Stimme und sanftem Klingeln am Kappzaum sollte das Pferd im Trab verlangsamt werden. Hier gilt es zu erkennen, ob der Raser Angst und Streß hat oder uns eine Vorführung seiner Wildheit liefern will. Im ersten Fall ist Ruhe, Geduld und liebe Zusprache gefordert, im zweiten muß ich energisch durchgreifen: warnendes Klingeln am Kappzaum bis hin zum strafenden Ruck mit energischem Vortreten vor das Pferd und Verbremsen an der Bande oder Umzäunung.

Für jedes Pferd gibt es ein passendes Tempo für den guten, fleißigen und gymnastizierenden Trab. In diesem Tempo wird der Trab gleichmäßig, rhythmisch und sieht harmonisch aus. Das Pferd beginnt sich zu entspannen und geht losgelassen. Es läßt Kopf und Hals fallen und lehnt sich allmählich sanft an das Gebiß an. Mit dem Maul etwa auf Höhe des Buggelenkes muß die Ausbinderlänge so gewählt sein, daß die Stirn-Nasen-Linie etwas vor der Senkrechten gehalten wird.

Hier gilt: kritisch schauen, Änderungen der Ausbinderlänge ausprobieren. Man muß genau sein, denn nur so ergibt sich der gymnastische Effekt der Longenarbeit. Das Pferd lernt die korrekte Haltung kennen, die es unter dem Reiter annehmen muß, um ihn richtig und er-

Trabverstärkung

Ganz sachte kann man mit einem fortgeschrittenen Pferdeschüler an der Longe die Verstärkung des Trabtempos entwickeln. Idealerweise steht dazu eine größere Reitbahn zur Verfügung.

In einer Ecke der Reitbahn longiert man das Pferd in einem ruhigen, gleichmäßigen, fleißigen Trab. Von der Ecke aus läßt man das Pferd gerade werden und schickt es auf die lange Seite, an der Begrenzung des Platzes entlang. Mit der Longe wird dazu am Kappzaum sanft nachgegeben, ohne Rucken und mit gleichmäßigem Kontakt.

Der Longierer dreht seine innere Schulter vom Pferd weg und läuft parallel auf der Höhe der Schulter des Pferdes, etwa auf der Mittellinie der Reitbahn, mit. Mit der Stimme und der ruhig hinter das Pferd gehaltenen Peitsche fordert man eine Verstärkung des Trabs, das heißt eine Verlängerung der Trabtritte.

Hierzu gehört einiges Fingerspitzengefühl. Manche Pferde erschrekken sich erst einmal, wenn der Mensch auf einmal so forsch neben ihnen mitrennt. Vorsicht ist auch mit der Peitsche geboten. Beim zügigen Mitlaufen muß sie ruhig und auf knapper Sprunggelenkshöhe gehalten werden. Nur zum deutlicheren Treiben – nachdem das Pferd das Stimmkommando nicht befolgt hat – wird sie bei Bedarf etwas höher gehalten oder aus dem Handgelenk heraus schnell von unten nach oben geführt.

Bei der Verstärkung des Trabtempos fallen einige Pferde in den Galopp. Dies passiert wegen des noch fehlenden Gleichgewichtes. Auf keinen Fall darf man das Pferd für diesen vermeintlichen Fehler oder Ungehorsam strafen! Ganz in Ruhe pariert man zum Trab durch, entwickelt wieder Takt, Rhythmus und Ruhe, und startet dann erneut zur Arbeit auf der Geraden mit sanfter Verstärkung des Tempos durch Verlängerung der Tritte.

Ohne Hektik versteht der kleine Pferdeschüler allmählich immer besser, was wir wollen. Das sanfte Steigern des Tempos und das vorsichtige Zurückführen läßt das Pferd immer geschmeidiger, lockerer und kraftvoller werden. Es tritt von hinten immer energischer weiter vor, sucht die Anlehnung und Stütze am Gebiß und wölbt so den Rücken nach oben auf. So muß es in Zukunft unter dem Reiter gehen!

gonomisch zu tragen. Bei fortgeschrittenem Training sieht man den Rückenmuskel in der Lendengegend schwingend arbeiten, und die »Arbeitslinie« des Bauchmuskels wird sichtbar, etwa eine Handbreit oberhalb der unteren Bauchlinie. Daran erkennt man, daß die Arbeit an der Longe den Muskelaufbau des Pferdes fördert.

Der Galopp

»Im Galopp zeigt sich das wahre Maß der Gymnastizierung.«

Der Galopp ist wie der Trab eine schwunghafte Gangart mit einer Sprungphase. Es ist ein Dreitakt. Beim Linksgalopp zum Beispiel tritt das äußere,

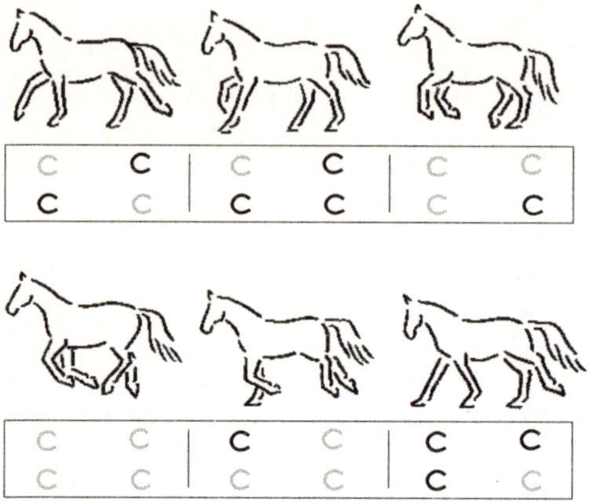

Fuß- und Phasenfolge im Linksgalopp

rechte Hinterbein als erstes weit unter, dann folgt die Diagonale inneres, linkes Hinterbein mit dem äußeren Vorderbein zusammen, dann das innere Vorderbein, also links. Danach kommt die Sprungphase, und das äußere Hinterbein fußt als erstes wieder auf.

Für das wenig gymnastizierte Pferd ist diese Gangart in der Reitbahn die schwierigste – an der Longe und unter dem Reiter. Hier ist es sehr mühsam, das Gleichgewicht zu halten. Die Differenz zwischen guter und schlechter Hand tritt deutlich hervor. Das ungenügend gymnastizierte Pferd versucht, durch motorradähnliche Schieflage, durch Losrennen oder Rückkehr zum Trab wieder sein Gleichgewicht zu finden.

Auch in der Natur galoppieren Pferde relativ wenig: vor allem auf der Flucht oder im Spiel. In Kurven beobachtet man, daß das Pferd sich im Galopp noch deutlicher nach außen biegt.

Es ist ein langer und trainingsintensiver Weg, seinem Pferd einen ruhigen, runden, schön aufwärts gesprungenen Galopp in korrekter Biegung beizubringen. Aber es lohnt sich.

Die Longenarbeit ist hierzu eine hervorragende Methode. Voraussetzung ist, daß das Pferd brav auf unsere treibenden und verlangsamenden Kommandos reagiert. Der Schritt gelingt gelassen, aber fleißig voranschreitend. Der Trab ist ruhig, taktmäßig und schwungvoll, korrekt auf gleichmäßig gebogener Linie. Das Pferd geht losgelassen in korrekter Vorwärts-abwärts-Dehnungshaltung und

Die »Schokoladenseite« im Galopp

Für die erste Galopparbeit an der Longe sollte man sein Pferd zuvor beim Toben und Freilaufen beobachtet haben, um herauszufinden, auf welcher Seite es häufiger, lieber und womöglich fast immer galoppiert. Mit dieser Seite beginnt man die Lektion Galopp an der Longe.

Es kommt durchaus vor, daß ein Pferd lieber und besser auf der Hand galoppiert, wohin es von Natur aus nicht gebogen ist. Der Grund dafür: Bei einer leichten Biegung nach rechts – zum Beispiel – fällt es dem Pferd leichter, mit dem linken Hinterbein deutlich unter seinen Körper zu treten. Also würde es den Linksgalopp bevorzugen, obwohl bzw. weil die rechte Seite seine hohlgebogene ist.

Das Beschriebene gilt natürlich entsprechend umgekehrt für linksgebogene Pferde.

nimmt Anlehnung an das Gebiß. Bis ein junges Pferd so an der Longe geht, können schnell zwei Monate mit regelmäßigem Training vergehen.

Bei älteren, schon etwas steifen oder lange Zeit falsch gerittenen Pferden kann das unter Umständen noch länger dauern. Psychisch oder physisch brauchen sie möglicherweise länger, um sich zu entspannen und locker zu werden. Hier sind eine Menge Erfahrung und schier endlose Geduld gefordert.

Wenn unser Longierkandidat nun in schöner Selbsthaltung im Gleichgewicht fleißig trabt, so kann mit der Galopparbeit begonnen werden. Wie immer beginnen wir auch bei dieser neuen Lektion auf der dafür besseren Seite des Pferdes.

Man sollte einen möglichst großen

Angaloppieren im Außen- oder Kreuzgalopp

Der Außen- und der Kreuzgalopp sollten an der Longe sofort beendet werden, man pariert wieder zum Trab durch. Beides zeigt das Pferd nicht, um uns zu ärgern!

Durch fast überfallartiges Treiben haben wir ihm möglicherweise zum Angaloppieren zu viel Druck gemacht. Oder unser Pferd ist zum korrekten Angaloppieren auf der Biegung dieser Hand einfach noch nicht in der Lage.

Versuchen Sie es also zunächst mit sanfterem, aber dennoch deutlichem Treiben, nachdem das Pferd im Trab wieder zu Ruhe und Gleichmäßigkeit gefunden hat. Dabei ist ganz wichtig, daß die Gangart, von der ich in die nächste wechseln lassen möchte, erst korrekt und taktmäßig gegangen wird.

Wenn dem Pferd das Angaloppieren in der Biegung schwer fällt, können Sie ihm ein wenig helfen: Im Moment des Angaloppierens geben Sie mit der Longe am Kappzaum soweit nach, daß das Pferd für diesen kurzen Moment seinen Kopf leicht nach außen nehmen kann. Bei diesem Geradestellen oder sogar leicht nach außen Biegen fällt es dem Pferd leichter, den inneren Hinterfuß deutlich unter seine Masse zu setzen. Empfehlenswert ist dies in einer Ecke der Reitbahn, damit eine äußere Begrenzung da ist und das Pferd das Nachgeben nicht zum Flüchten nutzen kann. Wenn es so korrekt angaloppiert ist, sollten Sie richtig deutlich loben! Das Pferd hat sich enorm angestrengt!

Wer entsprechend mit der Peitsche umzugehen weiß, kann dem Pferd seinen Wunsch auch deutlich vermitteln, indem mit der Peitschenschnur im Moment des Angaloppierens ganz leicht der innere Hinterschenkel touchiert wird, ruhig und sachlich, ohne große Armbewegungen, nur aus dem Handgelenk heraus. Dieser Kunstgriff sollte aber korrekt beherrscht werden, sonst versetzt man sein liebes Longierpferd womöglich in Panik.

Fordern Sie maximal zwei Runden Galopp, auf einem möglichst großen Zirkel. Ganz vorsichtig bringt man dabei das Pferd durch leichtes Annehmen am Kappzaum dazu, sich ein wenig in die richtige Richtung zu biegen. Wenn dies schon die zweite und letzte Hand ist, auf der das Pferd gearbeitet wurde, kann es für das Pferd enorm motivationsfördernd und lehrreich sein, wenn die Longenarbeit dann sofort mit viel Lob beendet wird.

Zirkel nutzen. Günstig ist hier ein Longierzirkel mit einer Umzäunung als Anlehnung für das Pferd. Ansonsten wählt man eine Hälfte des Reitplatzes, so daß man wenigstens an drei Seiten eine Begrenzung hat. Um etwas mehr zu treiben und um den Zirkel noch weiter zu vergrößern, geht der Longierer in der Zirkelmitte in einem kleinen Kreis mit. Mit deutlich aufforderndem, ermunterndem Kommando verlangt man den Galopp, möglicherweise mit zusätzlicher Hilfe der Peitsche. Der erste Galopp an der Longe wird ganz sicherlich nicht schön langsam und gesetzt ausfallen, sondern eher etwas hektisch und ungelenk. Das ist im Moment auch noch nicht so wichtig! Wichtig ist nur, daß Ihr Pferd korrekt, mit dem richtigen Handgalopp reagiert hat und Sie dann auch loben, laut und deutlich!

Gute Galopparbeit ist für beide anstrengend: vom Longierer werden absolute Konzentration, schnelle Beobachtungsgabe, Reaktion und das richtige Fingerspitzengefühl gefordert. Das Galopptraining erfordert vom Pferd viel Kraft und Kondition. Gerade zu Anfang sollten die Galoppaden nur wenige Male pro Hand (2–3) und kurz sein. Natürlich sind hier gute Bodenverhältnisse absolut notwendig.

Allmählich soll das Pferd immer besser lernen, ganz in Ruhe in den Galopp zu rollen. Wenn der Galopp dann ruhiger und im Takt und Rhythmus der Sprünge gelingt, muß auch hier daran gearbeitet werden, daß das Pferd sich immer mehr entspannt und lockerer wird. Im Galopp wölbt es den Rücken auf, um so mehr, je kraftvoller es von hinten unterspringt.

Mit leisem Klingeln der Longe am Kappzaum versucht man, den Galopp

Kreuzgalopp links (oben) und Kreuzgalopp rechts (unten)

Das Pferd galoppiert nicht an, rast im Trab los

Das Pferd reagiert auf das vermehrte Treiben im Trab, aber falsch. Statt wie gewünscht anzugaloppieren, rast es im Trab los. Nur ganz, ganz selten ist dies wirklicher Ungehorsam oder echte Widersetzlichkeit vom Pferd!

Deshalb sollte man hier mit Strafen sehr vorsichtig sein. Statt dessen beruhigt man sein Pferd und führt es zu gelassenem Tempo zurück. Meistens ist es die Reaktion auf eine zu frühe Forderung, die das Pferd körperlich oder psychisch nicht erfüllen kann. Mit der Anforderung »Galopp auf dem Zirkel« ist es noch überfordert.

Hier gibt es nur eins: zurück zu guter Trabarbeit, bis in dieser Gangart die Grundlagen Takt und Rhythmus, Losgelassenheit, Anlehnung und konstante korrekte Biegung absolut erfüllt sind. Wenn man sich also sicher sein kann, daß das Pferd mit dem Galopp an der Longe nicht mehr überfordert ist, dann muß man – egal wie – wirklich bis zum Angaloppieren treiben. Natürlich ist das in dem Moment keine harmonische Arbeit mit dem Pferd mehr. Daß der Übergang Trab – Galopp dann allmählich ruhiger, prompter und fließender gelingt, ist die nächste zu erarbeitende Lektion.

Bei meinem eigenen Isländer hat es ein gutes halbes Jahr gedauert, bis der Galopp einigermaßen gesittet auf dem Zirkel gelang. Er hat einen sehr schlechten Galopp, und wir werden immer daran arbeiten müssen, ohne daß er jemals richtig gut werden wird.

immer runder, gesetzter und mit mehr Versammlung zu entwickeln. Auch hierbei soll die Anlehnung an das Gebiß leicht und stetig sein. Ganz vorsichtig schnallt man bei vermehrter Galopparbeit die Ausbinder etwas kürzer als im Trab. Hier sind einige Erfahrung und ein geschultes Auge nötig, damit man keine Anlehnungsfehler entwickelt. Außer bei wirklich guten Pferden mit einem erstklassigen Galopp dauert der Weg zu einem runden, gesetzten Galopp sehr lange. Vielen Pferden sind einfach auch körperliche Grenzen gesetzt. Diese Grenzen gilt es sensibel zu behandeln. Überforderung schlägt sich negativ auf die weitere Entwicklung des Pferdes nieder und führt bei Mensch und Tier zu unnötigem Frust.

Wenn das Pferd mehr Gänge hat: Tölt und Paß an der Longe?

Einige Gangpferde wie Isländer, Traber, Peruanische Pasos und andere zeigen an der Longe statt des Trabs eher Tölt oder Paß.

Falls das jeweilige Pferd körperlich überhaupt in der Lage ist zu traben, so sollte man grundsätzlich schon dazu kommen, daß das Pferd an der Longe Trab geht. Vom gymnastischen Effekt ist dies wichtig: Im Trab findet das Pferd auf der gebogenen Linie am schnellsten sein Gleichgewicht, entwickelt in dieser Gangart am ehesten Takt und Rhythmus, Losgelassenheit, Anlehnung und

Schwung. Häufig erleichtert man einem Pferd diese Anforderung, indem man auf möglichst großem Zirkel arbeitet oder sogar sofort auf ganzer Bahn. Dies erfordert natürlich Kondition vom Longierer. Bis das Pferd einigermaßen sicher trabt, läßt man die Ausbinder zunächst weg oder schnallt sie – zum Beispiel zur Gewöhnung – möglichst lang. Vorsicht ist geboten, wenn das Pferd die Anlehnung an den Hilfszügel gleich nutzt, um wieder zu tölten.

Wenn Gangpferde sich sehr verspannen, zeigen sie an der Longe auch den Paß, aber keinen Rennpaß, sondern einen watscheligen Schweinepaß, völlig ohne jede Andeutung einer Biegung. Dies hat nun gar keinen gymnastischen Effekt. Mit Arbeit auf der ganzen Bahn kann man bei forciertem Tempo versuchen, doch zum Trab zu kommen.

Wenn das Pferd aufgrund psychischen Stresses verspannt ist, muß mit viel Geduld und Vorsicht gearbeitet werden. Hier ist ein Schritt zurück erforderlich. Sehen wir das Longieren als erweiterte Bodenarbeit an langer Leine, bis das Pferd mehr Vertrauen hat. Mit der ruhigen Arbeit über Stangen bringt man solch ein Pferd unter Umständen dazu, sich endlich vorwärts-abwärts zu dehnen, um allmählich zu mehr Entspannung und auf diesem Weg zum Trab zu kommen.

Ganz ohne Trab ist der wahre gymnastische Effekt der Longenarbeit nicht zu erreichen. Wir können am Schritt arbeiten, die Übergänge üben, den Galopp ausprobieren. Wenn der Galopp nicht gut gelingt, fehlt davor die gymnastizierende Arbeit im Trab. Dann wäre das Longieren nur eine Erweiterung von guter Bodenarbeit.

Widersetzlichkeiten

»Alle Widersetzlichkeiten, die ein Pferd unternimmt, rühren weniger von der Furcht vor dem Menschen, als vielmehr von der Ungewißheit dessen, was dieser von ihm verlangt, oder auch vom Unvermögen her, das Geforderte zu leisten. Die Anfänge späterer Widersetzlichkeiten fallen oft in Situationen, die dem Reiter oder Ausbilder kaum dafür geeignet erscheinen. Er sollte es daher nicht eine einzige Minute an der notwendigen Aufmerksamkeit fehlen lassen!« (L. Seeger bei Brigadier Kurt Albrecht: »Reiterwissen erlesen und erfahren«)

Und immer wieder: Übergänge, Übergänge, Übergänge

Zur Gymnastizierung, zur Förderung von Mitarbeit und Gehorsam und gegen Langeweile werden an der Longe Übergänge geübt. Sie sind zusätzlich die beste Methode, um ein Pferd dazu zu bringen, sich vorwärts-abwärts zu dehnen, Kopf und Hals fallen zu lassen, sich zu lockern, zu entspannen und sich allmählich an das Gebiß anzulehnen.

Ganz in Ruhe beginnt man die Longenarbeit natürlich im Schritt, um die Muskulatur des Pferdes zu erwärmen und damit es seine anfängliche Steifheit verliert und sich lockert. Damit können bis zu fünf Minuten vergehen.

Dann läßt man das Pferd sanft in einen ruhigen Trab rollen, noch ohne Ausbinder. Nach einigen Runden Trab pariert

Wie soll ein guter Übergang aussehen ?

Grundsätzlich ist jedes Pferd in der Lage, irgendwie in die nächste Gangart zu gelangen. Bei wirklich sinnvoller Longenarbeit genügt es jedoch nicht, dies nun auch so zu tun. Da wir das Pferd an der Longe zum Reiten oder Fahren vorbereiten oder ergänzend trainieren, ist es hier das Ziel, wirklich gute Übergänge zu erarbeiten und zu üben.

Über die Longe und den Kappzaum sollte eine stetige, leichte Verbindung zum Pferd bestehen, ohne daß das Pferd nach außen zieht oder nach innen drängelt und die Longe dann durchhängt.

Zum Übergang in eine höhere Gangart treibt man mit der Stimme, unter Umständen unterstützt durch die sanft angehobene Peitsche. Ein weiter ausgebildetes Pferd wird mit einer halben Parade aufmerksam gemacht: ein kleines Annehmen und Nachgeben der Longe am Kappzaum, durch eine kleine Drehung im Handgelenk.

Ohne Hektik, sanft gleitend, wie fließend soll das Pferd prompt die neue Gangart angehen. Beim Übergang gibt man mit der Hand an der Longe etwas nach: bei einem weiter ausgebildeten Pferd nur wenig durch Drehung aus dem Handgelenk, bei einem jungen Pferd deutlich mit einer Armbewegung. So kann das Pferd die Stirn-Nasen-Linie etwas vornehmen, Kopf und Hals ein Stück weit fallen lassen. Es tritt von hinten gut unter und wölbt dabei den Rücken vermehrt auf. Das Pferd lernt die nachgebende Hand kennen, es lernt, dem Gebiß nachzugeben, sich sanft daran anzulehnen. Das Pferd fängt an, sich vorwärts-abwärts zu dehnen. Es entspannt sich, wird lockerer, gibt im Genick nach. So lernt es die korrekte Haltung kennen, die es befähigt, einen Reiter ergonomisch zu tragen.

Ziel ist es, daß das Pferd in allen Gangarten und bei den Übergängen in dieser Haltung ruhig verbleibt. Das ist ein weiter, sehr trainingsintensiver Weg.

Grundsätzlich gilt, daß die Ausgangsgangart zunächst korrekt sein sollte: fleißig, aber ruhig im Tempo und in der korrekten Haltung. Erst dann fordert man sanft den Übergang. Dieser soll prompt und wie fließend erfolgen. Die neue Gangart soll schwungvoll, ohne Hektik, zügig gegangen werden.

Zum Übergang in eine niedrigere Gangart verlangsamt man mit der Stimme, unter Umständen unterstützt durch ein sanftes Klingeln bis Zupfen oder leichtes Rucken am Kappzaum. Ein weiter ausgebildetes Pferd wird auch hier mit einer halben Parade zuvor aufmerksam gemacht.

Ohne Hektik, sanft gleitend, wie fließend soll das Pferd prompt verlangsamen und die neue Gangart angehen. Auch hier gibt man mit der Hand an der Longe nach. Das Pferd folgt der nachgebenden Hand. Auch in der niedrigeren, langsameren Gangart soll das Pferd weiter fleißig marschieren, ohne nach dem Übergang zu stocken und dann wieder angetrieben werden zu müssen.

Mit geschultem Auge erkennt man, daß das Pferd bei den ersten ein bis zwei Schritten in der neuen niedrigeren Gangart enorm weit untertritt. Bei gleichzeitigem Fallenlassen von Kopf und Hals bei nachgiebiger Hand des Longierers bzw. später Reiters, wird hierbei der Rücken vom Pferd deutlich nach oben aufgewölbt. Dies ist die zu erreichende Gymnastizierung.

man wieder zum Schritt durch, dann zum Anhalten, um die Ausbinder einzuschnallen. Jetzt beginnt die gymnastizierende, sinnvolle Arbeit an der Longe.

Die ersten Übergänge, die unser Longierschüler kennenlernt, sind Schritt – Trab, Trab – Schritt, Schritt – Anhalten, Anhalten – Schritt. Wie zügig man wie viele Übergänge einbaut, hängt vom Wesen des Pferdes ab.

Ein nervöser **Hektiker** wird eher durch sachliche, etwas längere, **monotone Trabarbeit** beruhigt. Bei ihm führt man danach erst wenige Übergänge durch.

Ein **Träumer,** der beim gleichmäßigen Traben einzuschlafen droht, wird ermuntert durch **häufige Übergänge.** Jede Gangart wird kurz, aber fleißig gefordert. Falls unser Pferd schon den Galopp an der Longe beherrscht, werden kurze Trab- und Galoppreprisen abgewechselt. Kurz heißt: eine halbe bis maximal eine Runde auf der Zirkellinie.

Hier müssen die Grundlagen bereits beherrscht werden: Treiben und Verlangsamen sowie korrektes Anhalten auf der Zirkellinie, beim Longierer und beim absolut gehorsamen Pferd. Jede weitere Gymnastizierung macht keinen Sinn, wenn die Grundlagen nicht vorhanden sind!

Gute Übergänge sind ein ewiges Trainingsthema. Unser junger Longieranfänger wird natürlich zu Anfang etwas ungelenk sein, holprig in die nächsthöhere Gangart hüpfen und dort eine Weile brauchen, um sein ruhiges Arbeitstempo zu finden. Beim Übergang in eine niedrigere Gangart fällt er ein Stück weit auf die Vorhand und wird einen Moment lang seinem Gleichgewicht scheinbar hinterherrennen.

Für ein wenig gymnastiziertes Pferd ist es zu Anfang einfach schwer, sich selbst schön zu tragen, das Gleichgewicht auf der Biegung und bei den Übergängen zu halten und im Takt und in Losgelassenheit zu gehen. Vom Ausbilder sind hier viel Geduld, Feingefühl und Erfahrung erforderlich, um zu erkennen, wann die nächste Lektion ohne Überforderung des Pferdes angegangen werden kann.

Werden die grundlegenden Übergänge Schritt – Trab, Trab – Schritt, Trab – Galopp, Galopp – Trab, Schritt – Anhalten und Anhalten – Schritt vom Pferd sicher und gehorsam beherrscht, kann man anfangen, schwierigere Übergänge zu fordern: Anhalten – Trab, Trab – Anhalten, Schritt – Galopp, Galopp – Schritt bis hin zu Anhalten – Galopp und Galopp – Anhalten. Dies sind an der Longe schwere Lektionen und verlangen von Mensch und Pferd viel Konzentration und eine feine, gute Kommunikation. Ziel bleibt es hierbei, mit immer kleineren, noch feineren Kommandos und Hilfen noch promptere, streßfreie Reaktionen des Pferdes hervorzuzaubern. Es ist ein langer Weg bis dorthin, aber spätestens dann macht Longieren mindestens soviel Spaß wie Reiten, wenn man es schafft, so fein und intensiv mit seinem braven Pferd zu arbeiten.

Kleine und große Runden: Zirkel verkleinern und vergrößern

Wenn das Pferd auf der möglichst großen Zirkellinie zumindest bereits im Trab Takt und Losgelassenheit gefunden hat,

Anlehnung und Anlehnungsfehler

Zur sinnvollen Gymnastizierung wird das Pferd an der Longe mit Ausbindern longiert, damit es – wie am Zügel – eine Anlehnung hat bzw. finden kann.

Bei einem jungen oder longenunerfahrenen Pferd gibt es dazu natürlich eine gewisse Gewöhnungsphase mit möglichst angstfreiem und schonendem Kennenlernen der lang geschnallten Ausbinder (siehe Kapitel: Anlongieren).

Leider bringt kein Pferd von Natur aus das Wissen über die vom Reiter gewünschte Anlehnung mit. Es ist also Aufgabe des Ausbilders, das Pferd durch sinnvolle Arbeit dazu zu bringen, das Gebiß anzunehmen, sich sanft daran anzulehnen und dem Druck des Gebisses so nachzugeben, daß das Pferd im Genick korrekt nachgibt und locker wird.

Bei jungen Pferden, denen man genügend Zeit gibt, sich mit dem Gebiß und der Ausbindung vertraut zu machen, kann man beim Longieren beobachten, wie sie vieles selbst ausprobieren: gegen das Gebiß drücken, ein wenig mit der Stirn-Nasen-Linie nach hinten ausweichen, wieder drücken, leichtes Schlackern des Kopfes von rechts nach links und umgekehrt, ausweichen, kauen usw.

Viele finden dann von selbst den für sie angenehmen weichen Kontakt zum Gebiß am Ausbinder, später dann Zügel, und geben dem Druck des Gebisses durch Abknicken im Genick leicht nach. Das Genick ist dann der höchste Punkt, die Stirn-Nasen-Linie verläuft etwas vor der Senkrechten. Kopf und Hals werden fallen gelassen. Das Maul ist etwa auf der Höhe des Buggelenkes. Das Pferd entspannt sich. Der Rücken schwingt locker und wird aufgewölbt. Die Hinterbeine treten gut unter. So bildet das Longieren eine ideale Vorbereitung oder Ergänzung für das Reiten.

Wie beim Reiten, so gibt es auch beim Longieren bei der Anlehnung Fehler, die eine sinnvolle Gymnastizierung verhindern. Das Pferd weicht dem Zügel möglicherweise durch Einrollen im Hals nach hinten aus. Oder es lehnt sich voll dagegen, will im Genick nicht nachgeben. Es versucht, der Anlehnung nach oben über den Zügel bzw. Ausbinder auszuweichen oder vermeidet das fleißige Treten von hinten, da dies für ein Pferd auch anstrengend ist.

Dazu gehört eine gewisse Erfahrung von Seiten des Ausbilders, diese Tendenzen zu erkennen und im Ansatz zu korrigieren. Denn hier ist Vorsicht geboten, damit beim Longieren nicht womöglich Fehler trainiert werden, die später unter dem Sattel nur schwer oder kaum noch wieder zu korrigieren sind.

Andererseits kann durch gutes Longieren ein unter dem Sattel entstandener und trainierter Fehler durchaus korrigiert werden.

dann kann man ganz vorsichtig anfangen, den Zirkel etwas zu verkleinern, um ihn anschließend wieder zu vergrößern. Im übrigen bringt dies Abwechslung in die Arbeit an der Longe und läßt das Pferd aufmerksamer werden.

Der Longierer bleibt an seiner Position stehen und verkürzt nach und nach die Longe, ohne Rucken am Kappzaum und sammelt die Schlingen dabei gleichmäßig und unverdreht ein. Manche Pferde biegen sich besser und leichter auf einem kleineren Zirkel, wenn der Longierer ein Stück weit mehr Richtung Kruppe steht, bzw. dazu dorthin tritt.

Wichtig ist, daß der **Takt** der jeweiligen Gangart auf dem kleineren Zirkel bestehen bleibt, daß **Rhythmus und Schwung** nicht verloren gehen, das Pferd nicht stockt oder aufgrund der stärkeren Anforderung oder mehr Nähe zum Menschen eiliger wird.

Auf dem engeren Zirkel muß sich das Pferd mehr biegen, was anstrengender ist und wieder zu Gleichgewichtsproblemen führen kann. Der innere Hinterfuß muß mehr untertreten, mehr Last aufnehmen. Das Verkleinern des Zirkels muß also über längere Zeit und mit ganz allmählicher Steigerung immer wieder geübt werden.

Diese Lektion wird im **Trab** zum er-

Anlehnungsfehler – Falscher Knick und hinter der Senkrechten

Man spricht vom »falschen Knick«, wenn das Pferd dem Druck des anstehenden Gebisses nicht im Genick nachgibt, sondern etwa zwischen dem zweiten und dritten Halswirbel abknickt. Diese Stelle bildet dann den höchsten Punkt, den bei korrekter Anlehnung eigentlich das Genick darstellen sollte. Meist rollt sich das Pferd im Hals dabei ein, so daß die Stirn-Nasen-Linie hinter die Senkrechte kommt. Der Rücken wird festgehalten und schwingt nicht locker. Die Hinterbeine treten nicht gut unter, werden nach hinten heraus gestellt.

Mögliche Gründe: Die Ausbinder sind zu kurz verschnallt bzw. für das Pferd in diesem Ausbildungsstand noch zu früh so kurz gestellt.

Wenn das Pferd zusätzlich matt daherlatscht, wird zu wenig getrieben. Das Pferd will der anstrengenden Arbeit über den Rücken mit gutem Untertreten der Hinterbeine ausweichen.

Beim Longieren mit Halsverlängerer oder Schlaufzügel gleitet das Pferd beim Versuch der konstanten Anlehnung mit den Trensenringen in der Ausbindung nach unten und nach hinten.

Korrektur: Die Möglichkeiten der Korrektur ergeben sich aus den Ursachen. Schlaufzügel oder Halsverlängerer sollte man durch Ausbinder in korrekter Länge ersetzen. Die Ausbinder müssen so lang geschnallt werden, daß das Pferd die Stirn-Nasen-Linie wirklich ein Stück vor die Senkrechte nehmen kann. Je lockerer und entspannter ein Pferd allmählich geht, um so tiefer läßt es Kopf und Hals fallen. Ungefähre Richtlinie ist die Höhe des Buggelenks. Man sollte sich nicht scheuen, unterschiedliche Längen der Ausbinder auszuprobieren.

Damit sich das Pferd wirklich an das Gebiß herandehnt, muß es fleißig von hinten treten. Ein entsprechendes Maß an treibenden Hilfen (Stimme, Peitsche) bei gutem Gehorsam des Pferdes gehören dazu. Vor allem viele, viele Übergänge Schritt – Trab und Trab – Schritt fördern die Dehnung nach vorwärts-abwärts und das fleißige Untertreten der Hinterbeine.

Anlehnungsfehler – Hinter dem Zügel

Man sagt, das Pferd geht hinter dem Zügel, wenn es der Anlehnung nach hinten völlig ausweicht und der Zügel bzw. Ausbinder dabei durchhängt.

Mögliche Gründe: Meist verkriecht sich das Pferd und vermeidet damit das fleißige Treten von hinten bei aktivem, lockerem Rücken.

Möglicherweise hat das Pferd bereits eine gefühllose, harte Reiterhand kennengelernt und hat Angst vor dem Gebiß.

Korrektur: Auch bei diesem Anlehnungsfehler ist das Pferd dazu zu bringen, fleißig von hinten zu treten, um sich allmählich nach vorwärts-abwärts an das Gebiß heranzudehnen. Gutes Treiben bei Gehorsam des Pferdes sind nötig. Viele gute Übergänge Trab – Schritt und Galopp – Trab mit stets sachter und ausreichend nachgebender Hand bringen das Pferd dazu, das Gebiß anzunehmen.

Schwieriger ist es, einem ängstlichen Pferd wieder Vertrauen in das Gebiß zu geben. Hier muß man die Ausbinder erst etwas kürzer schnallen, damit das Pferd überhaupt wieder eine Anlehnung kennenlernt. Allmählich verlängert man dann die Ausbinder, um zu erreichen, daß das Pferd bei fleißiger Arbeit und bei guten Übergängen dem Gebiß »folgt«.

Hier ist ein Stück weit Erfahrung nötig. Mit den kürzer geschnallten Ausbindern darf man dem Pferd keinen Streß machen, denn es soll ja wieder Vertrauen zum Zügel bzw. Gebiß bekommen. Die Ausbinder sollten nur so kurz sein, daß das Pferd das Gebiß ganz leicht anstehend spürt. Über die allmählich zu verlängernden Ausbinder soll das Pferd dazu gebracht werden, dem Gebiß zu folgen, um zu einer angenehmen, leichten Anlehnung zu kommen.

Anlehnungsfehler: Das Pferd verkriecht sich hinter dem Zügel, weicht der Anlehnung an das Gebiß aus.

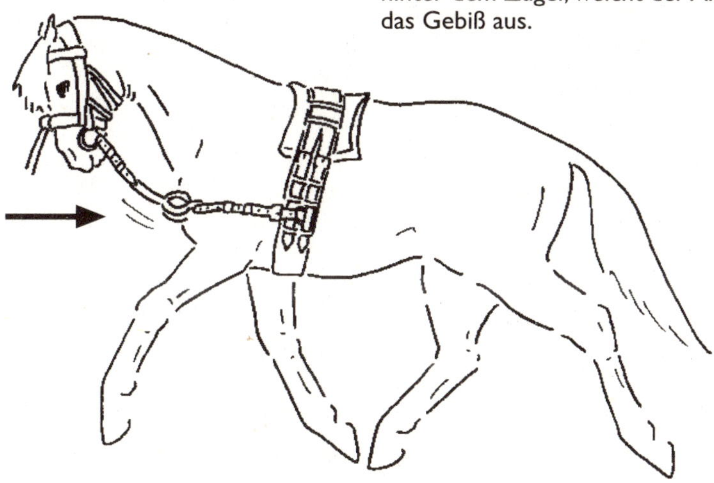

Anlehnungsfehler – Auf dem oder gegen den Zügel

Das Pferd macht sich im Genick steif, geht gegen das Gebiß an oder legt sich mit totem Maul darauf. Es hält den Rücken fest und schwingt dort nicht locker.

Mögliche Gründe: Der Longierer treibt zu wenig, bzw. das Pferd mißachtet die treibenden Kommandos und latscht irgendwie daher. Fleiß und Schwung, vor allem im Trab, werden nicht erarbeitet; die Hinterbeine treten von hinten nicht gut unter.

Das Pferd will im Genick nicht nachgeben, setzt dem Widerstand entgegen.

Unter Umständen hat das Pferd gewissen Streß durch schon zu kurze Ausbinder, womit es sich im aktuellen Ausbildungsstand auf der Biegung noch nicht im Gleichgewicht locker selbst tragen kann. Es benutzt das Gebiß als Stütze.

Korrektur: Über gute, fleißige Trabarbeit sollte mehr Schwung entwickelt werden. Günstig sind auch Tempounterschiede im Trab oder Wechsel zwischen Arbeit auf dem Zirkel und der ganzen Bahn mit Verlängerung der Tritte auf der Geraden. Viele, viele Übergänge mit korrektem Nachgeben der Hand an der Longe sollten das Pferd zum Nachgeben im Genick animieren.

Zeigt das Pferd noch Gleichgewichtsprobleme und Taktfehler, so läßt man versuchsweise die Ausbinder zunächst etwas länger.

Des weiteren kann man das Pferd mit langen Ausbindern auch über Stangen treten lassen, um die Rückentätigkeit zu fördern.

Longieren mit Gogue oder Chambon für eine kurze Zeit fördert es, daß das Pferd den Weg nach vorwärts-abwärts findet und sich damit lockert und entspannt.

Wenn bei wirklich korrektem Longieren mit passender Ausbinderlänge dieser Anlehnungsfehler auf Dauer bestehen bleibt, ist zu überlegen, ob das Pferd im Genick nachgeben, ob es wirklich locker im Rücken schwingen kann.

Bei Pferden mit kräftigen Ganaschen und daher wenig Ganaschenfreiheit sollte man überprüfen, ob nicht beim Abknicken im Genick Schmerzen im Bereich der Ohrspeicheldrüse entstehen. Häufig wird dabei die Drüse wie ein kleiner Wulst zwischen der Ganasche und dem obersten Teil des Unterhalses herausgedrückt. Bei Unsicherheit ist ein Tierarzt zu befragen.

Bei Pferden, die in falscher Haltung mit weggedrücktem Rücken geritten wurden, oder die unter einem schlecht passenden Sattel gelitten haben, kann sich im Laufe der Zeit die verspannte Rückenmuskulatur schmerzhaft verhärtet haben. Sie können den Rückenmuskel nicht locker arbeiten und schwingen lassen oder wagen es nicht – vergleichbar mit einem Menschen, der sich wegen Schmerzen eine Schonhaltung angewöhnt hat. Auch hierbei sollte man einen guten Pferdetierarzt konsultieren.

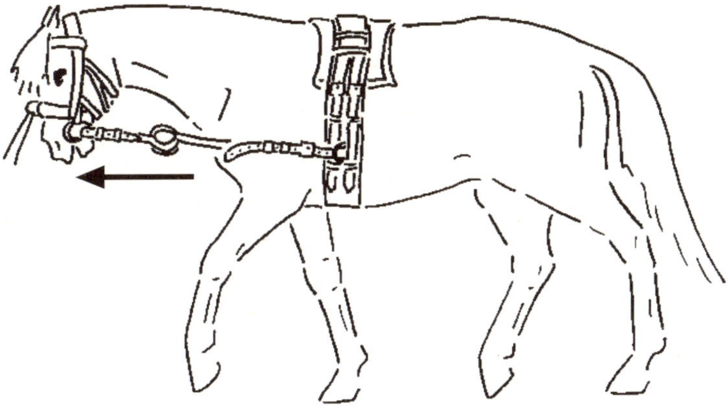

Anlehnungsfehler: Das Pferd legt sich starr auf den Zügel, geht dagegen an, gibt im Genick nicht nach.

sten Mal ausgeführt. Der Trab ist die Gangart, in der aufgrund des schwunghaften Zweitakts der Rhythmus auch auf engerer Biegung sicherer erhalten bleibt. **Das Pferd wird geschmeidiger, gelenkiger, einfach biegsamer.** Nur – möglicherweise wird die Differenz zwischen guter und schlechter Seite hier zunächst wieder etwas deutlicher, bis die Lektion nach regelmäßiger Übung auf beiden Händen gleich gut und mit gleichermaßen verkleinertem Zirkel gelingt.

Mit einem schon besser gymnastizierten Pferd arbeitet man diese Lektion natürlich auch im Schritt. Der Zirkel kann dabei bis auf einen Radius von ca. 2 Metern verkleinert werden. Ob Takt, Rhythmus, Fleiß und Losgelassenheit im Schritt auch auf der engeren Biegung gut erhalten bleiben, muß kritisch betrachtet werden.

Im **Galopp** ist das Verkleinern des Zirkels enorm schwer, da es vom Pferd eine sehr gute Versammlungsfähigkeit erfordert. Dies ist sehr, sehr anstrengend. Meist schaffen dies nur gut und lange ausgebildete Dressurpferde bei entsprechendem Training. Wie bei der Lektion Galopp an sich schon beschrieben, ist diese Gangart bereits auf dem großen Zirkel ein Balance-Akt.

Hier dürfen wir unseren Longierschüler nicht mit Dingen überfordern, die zu leisten er nicht in der Lage ist.

Um den Zirkel wieder zu vergrößern, läßt man die Longe bei stetigem Kontakt zum Kappzaum wieder länger werden, indem man die Longe einfach durch die Hand gleiten läßt. Hierzu sollten natürlich auf der Longe keine Stege aufgenäht sein. Die Biegung wird vom Pferd nur dann prompt wieder vergrößert, wenn es eine stetige, aber sanfte Anlehnung mit leichtem Zug an der Longe aufrecht erhält. Drängelt das Pferd immer wieder zum Longierer herein, so daß die Longe durchhängt, muß das Pferd durch das Nach-vorne-Führen der Peitsche zur

Schulter wieder nach außen getrieben werden.

Gerade bei kleinen Träumern, die mir bei regelmäßiger Arbeit gern einschlafen, habe ich mit der Lektion des Zirkelverkleinerns und -vergrößerns eine Möglichkeit, mehr Abwechslung in unser gemeinsames Tun zu bringen.

Wenn dies noch mit guten Übergängen und Tempounterschieden innerhalb der jeweiligen Gangart kombiniert wird, dann sollte das Longieren nicht so langweilig werden, wie man es manchmal vermutet.

Nur für schnelle Leute: Auf der ganzen Bahn arbeiten

»So macht man auch den Reiter fit!«

Wie bei der Lektion Trab bzw. Trabverstärkung schon beschrieben, kann man sein Pferd an der Longe auch auf der ganzen Bahn arbeiten. Dies ist eine gute Vorbereitung für das Reiten, mit Wechseln zwischen Biegung und Geraderichten. Natürlich braucht man dazu eine größere Reitbahn, nach Möglichkeit für sich und sein Pferd allein, ansonsten mit Rücksicht und Absprache mit anwesenden Reitern.

Man arbeitet sein Pferd an einem Ende der Bahn oder sogar in einer Ecke auf einem etwas kleineren Zirkel. Wenn das Pferd auf dem Hufschlag an der Bande ankommt, mit Richtung auf die offene Seite, lassen wir es auf den Hufschlag hinauslaufen. Dazu dreht man sich selbst ein Stück weit in die Bewegungsrichtung und läuft parallel zum Pferd mit. Der stetige Kontakt über die Longe zum Kappzaum bleibt dabei ohne Rucken erhalten. Wir befinden uns weiterhin auf der

Anlehnungsfehler: Das Pferd geht über dem Zügel, schiebt den Unterhals vor, drückt den Rücken weg. Es gibt im Genick nicht nach.

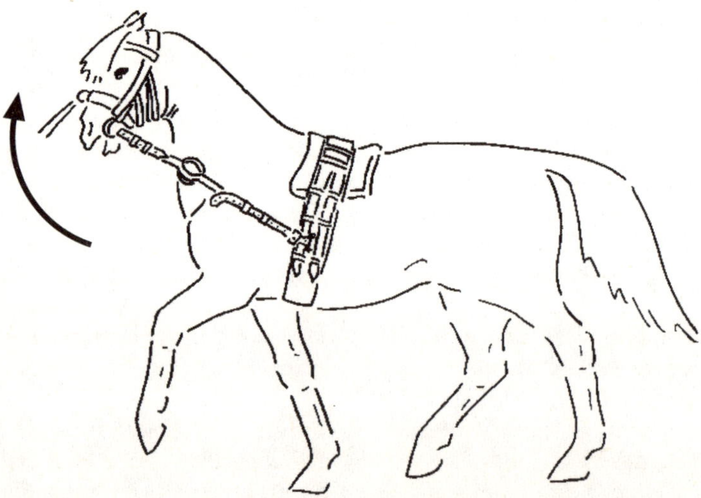

Anlehnungsfehler – Über dem Zügel

Mit vorgedrücktem Unterhals und weggedrücktem Rücken gibt das Pferd im Genick nicht nach. Mit der Stirn-Nasenlinie weit vor der Senkrechten und hoch erhobenem Kopf will es den Zügel nicht annehmen.

Mögliche Gründe: Das Pferd will im Genick nicht nachgeben, es leistet Widerstand. Meist fehlt auch der Fleiß und Schwung in den Gangarten, oder das Pferd rast ungehorsam herum. Hier ist erst einmal der Gehorsam wiederherzustellen.

Ein junges oder longenunerfahrenes Pferd hat womöglich Streß mit dem Gebiß. Hier muß mit der Ausbinderlänge vorsichtig agiert werden.

Korrektur: Nachdem der Gehorsam für Treiben, Verlangsamen und Zuhören wiederhergestellt ist, sollte man probeweise die Ausbinderlänge variieren, um das Pferd zum Nachgeben im Genick zu veranlassen, ohne Streß auszulösen.

Übergänge, Tempounterschiede und Stangenarbeit bringen ein Pferd dazu, sich vorwärts-abwärts zu dehnen und sich zu entspannen.

Mit Trail-Arbeit an der Longe (ohne Ausbinder!) kann man Abwechslung (gegen den Widerstand) in die Arbeit bringen und erreichen, daß das Pferd nach unten guckt und Kopf und Hals fallen läßt. So kann wieder Entspannung und Motivation in die gemeinsame Arbeit kommen.

Für kurze Zeit ist der Einsatz von Chambon oder Gogue zu empfehlen, um dem Pferd den Weg in die Vorwärts-abwärts-Dehnungshaltung deutlicher zu machen.

Bei Pferden, die in falscher Haltung mit weggedrücktem Rücken geritten wurden oder die unter einem schlecht passenden Sattel gelitten haben, kann sich im Laufe der Zeit die verspannte Rückenmuskulatur schmerzhaft verhärtet haben. Sie können den Rückenmuskel nicht locker arbeiten und schwingen lassen oder wagen es nicht – vergleichbar mit einem Menschen, der sich wegen Schmerzen eine unnatürliche Schonhaltung angewöhnt hat. Zur Kontrolle sollte man sein Pferd von einem guten Pferdetierarzt untersuchen lassen.

Schulterhöhe des Pferdes. Mehr davor würden wir bremsend wirken, mehr dahinter unter Umständen zu stark treibend. Die Peitsche wird ruhig hinter das Pferd gehalten, normalerweise auf der Höhe zwischen Fessel- und Sprunggelenk. Nur zum Treiben wird sie etwas höher genommen.

Beim einzelnen Pferd gilt es herauszufinden, wieviel Treiben bzw. Bremsen es braucht, um im gleichmäßigen Rhythmus und Schwung zu verbleiben.

Beim Beginn dieser Lektion muß man mit seinem Vierbeiner etwas nachsichtig sein (er ist es ja auch mit uns). Möglicherweise versteht er nicht sofort, was wir denn nun wieder von ihm wollen. Manch ein zart besaitetes Pferdchen erschreckt sich zunächst, wenn wir auf einmal so forsch neben ihm herrennen. Das ruhige Halten der Peitsche gelingt den wenigsten Menschen auf Anhieb, wenn sie gleichzeitig durch den nie ganz ebenen Boden einer Reitbahn traben sollen.

Ein sensibles Pferd reagiert auf das Wippen der Peitsche natürlich.

Um das Pferd **wieder auf einen Zirkel** oder kleiner auf eine Volte zu führen, bleibt man allmählich stehen, tritt etwas zur Kruppe und nimmt das Pferd sanft, ohne Rucken am Kappzaum wieder auf die Biegung.

Der häufige Wechsel von Biegung auf dem Zirkel oder der Volte und Geraderichten über die ganze Bahn fördert die Aufmerksamkeit des Pferdes. Gerade im Trab ist der **gymnastizierende Effekt** enorm, und über die Verstärkung des Tempos auf der Geraden kommt man zu **mehr Schwungentfaltung.** Es macht einfach Spaß, wenn dies allmählich immer besser gelingt. Nur – es erfordert vom Menschen viel Geschicklichkeit im Umgang mit der Peitsche und der Longe, Beherrschung der Körperpositionen im Verhältnis zum Pferd, volle Konzentration auf das Pferd und letztendlich eine gute eigene Kondition. Diese Voraussetzungen sind erlernbar und sollen nicht vor einem Versuch abschrecken, das Pferd auch einmal auf der ganzen Bahn zu arbeiten.

Für mehr Aktion: Stangen und Cavaletti

Mit der Arbeit über Stangen oder niedrige Cavaletti kann man einen gelangweilten Pferdeschüler wieder zu mehr Aktivität und Aufmerksamkeit anregen. Möglicherweise schlurft unser kleiner Träumer auch ein bißchen und soll dazu gebracht werden, seine Beine aktiver anzuheben.

Bei dieser Arbeit werden die Beine unseres Pferdes mit gut passenden Bandagen oder Gamaschen geschützt.

Mit drei bis maximal fünf Stangen hintereinander fängt man im Schritt an. Der Abstand der Stangen zueinander liegt bei 70 bis 80 cm. Die Schrittlänge ist bei jedem Pferd individuell. Für sein jeweiliges Pferd sollte man es ausprobieren.

Im Trab liegt die Distanz der einzelnen Stangen voneinander bei 1,10 bis 1,50 Meter. Vielleicht hat man ja einen netten Helfer, der einem während der Longierarbeit die Stangen korrekt hinlegt, wenn man entdeckt, daß der Abstand eben doch noch nicht stimmte.

An der Umzäunung des Reitplatzes oder Longierzirkels legt man die Stangen so hin, daß sich auf einer Seite eine Begrenzung ergibt, so daß das Pferd nicht so einfach ausweichen kann.

Zu Beginn der Arbeit führt man das Pferd an der Hand über die Stangen, läßt es sie streßfrei anschauen und geht in aller Ruhe mit ihm darüber hinweg. Mit entsprechendem Lob natürlich! Dasselbe noch einmal im Trab.

Dann sollte das Pferd eigentlich so weit sein, daß es alleine an der Longe ruhig über die Stangen geht. Dazu wird es so an die Stangen gelenkt, daß es sie in der Mitte und nahezu gerade überqueren kann und muß. Wichtig ist hier, daß **Takt, Losgelassenheit** und **Schwung** der jeweiligen Gangart erhalten bleiben. Gewollt ist, daß das Pferd nach unten guckt und sich dabei weiter nach unten dehnt und Kopf und Hals fallen läßt. (Ausbinderlänge beachten!) Nur wenn das Pferd bei dieser Übung locker und entspannt bleibt, wird die Aktivität der **Rückenmuskulatur** gefördert, indem das Pferd aktiver die Beine anhebt und die Hinterbeine schwungvoll weit unter den Schwerpunkt des Körpers geführt werden. Dies ist sehr anstrengend wegen der erforderlichen Konzentration, um ohne Anticken über die Stangen zu kommen.

Deshalb sollte man diese Lektion nicht endlos üben. Auf einer großen Reitbahn kann man zum Beispiel an einer langen Seite einige Stangen hinlegen, um bei der Arbeit auf der ganzen Bahn das Pferd über die Stangen treten zu lassen. Bei anschließender Zirkelarbeit umgeht man die Stangen, um zu einem späteren Zeitpunkt die Stangen wieder in die Arbeit mit hineinzunehmen. So läßt sich die Longenarbeit noch abwechslungsreicher gestalten.

Bei der Cavaletti-Arbeit im Galopp verwendet man nur ein einzelnes Hindernis von 30 bis 50 cm Höhe, wieder an einer Begrenzung. Das Pferd soll im ruhigen Galopp darauf zugeführt werden und nach dem Sprung ruhig weitergaloppieren, ohne in Hektik zu geraten. Dies ist eine Übung für ein gut gymnastiziertes Pferd, das den Galopp auf der Biegung schon gut beherrscht.

Achtung: Selbstverständlich ist das Pferd dazu nicht ausgebunden! Es wird nur am Kappzaum geführt!

Zur Abwechslung: Longieren über Trailhindernisse

Wie über die Stangen kann man ein Pferd an der Longe auch über Trailhindernisse gehen lassen. So kann man schon sein junges, möglicherweise noch nicht reitbares Pferd anspruchsvoller arbeiten oder auch einen älteren, vielleicht aber doch noch etwas schreckhaften Vierbeiner mehr abhärten.

Longieren als fortgeschrittene Bodenarbeit: Selbständig, aufmerksam und gehorsam überschreitet das Pferd das Reifenbeet.

Pferd und Mensch sind voll konzentriert auf ihre gemeinsame Longenarbeit – unabhängig davon, was um sie herum passiert.

Für diese Arbeit reicht die Ausrüstung des Pferdes mit Kappzaum und Longe. Zur Gewöhnung kann man sein Jungpferd natürlich auch hierbei auftrensen oder einen Sattel auflegen. Wichtig ist nur, daß man ausnahmsweise keine Ausbinder oder andere Hilfszügel verwendet, damit das Pferd sich ungehindert die furchteinflößenden Dinge auf dem Boden genau anschauen und auch berühren kann.

Als Longierer sollte man sein Pferd auf dem gleichmäßigen Zirkel und auf der geraden ganzen Bahn sicher arbeiten können. Der Umgang mit der ruhig gehaltenen Peitsche muß korrekt gelingen.

Das Pferd sollte bereits Bodenarbeit über Trailhindernisse kennen. An der Longe werden die Ansprüche höher, da das Pferd, ohne den Ausbilder vor oder neben sich, ganz allein und selbständig arbeiten und ruhig gehen soll.

Man braucht mit dem jeweiligen Pferd eine gewisse Erfahrung, um im einzelnen entscheiden zu können, ob ich meinen Vierbeiner vermehrt von hinten treiben muß. Dazu verbleibt der Mensch etwa auf Höhe der Kruppe. Hilft es dem Pferd mehr, wenn ich weder treibend noch verbremsend, aber näher bei ihm auf Schulterhöhe bin? Oder muß ich meinen Hektiker eher etwas bremsen und stehe deshalb auf der Höhe seines Kopfes?

Auch diese Arbeit erfordert volle Konzentration aufeinander. Gerade hier kann ich mit Lob viel erreichen, wenn ich mein

Pferd schon im Ansatz der richtigen Reaktion lobe und es damit in seiner Absicht bestärke. So entwickelt sich immer mehr Vertrauen des Pferdes zu sich selbst und zum Ausbilder.

Bei den Trailhindernissen ist der Phantasie kaum eine Grenze gesetzt, außer daß das Pferd sich daran natürlich nicht verletzen darf.

Hier nur einige Beispiele:

- Eine große, rechteckige Plastikplane wird rechts und links unter zwei Stangen gelegt. So kann der Wind sie nicht wegwehen, und durch die begrenzenden Stangen entsteht der Eindruck einer Gasse, durch die das Pferd hindurchgeht.
- Zwischen zwei Stangen, die wieder eine Gasse bilden, wird ein – und später auch mehrere – Autoreifen hintereinander gelegt.
- Weiche Äste von Tannen werden flach zu einem Beet zusammengelegt.
- Eine Brücke aus Planken vom Format 1,00 Meter Breite und ca. 1,50 Meter Länge liegt auf dem Boden.
- Die Brücke wird auf einer Seite durch einen untergelegten Autoreifen kippeliger gemacht.
- Eine längere Brücke wird durch ein mittig untergelegtes Rundholz zu einer Wippe umfunktioniert.
- Mehrere Autoreifen ergeben eng zusammengelegt ein Reifenbeet.
- Große bunte Tonnen stehen zusammen und bilden eine Gasse, durch die das Pferd hindurchgeht.

Neben den Hindernissen, über die das Pferd ruhig hinübergehen soll, gibt es endlos viele Möglichkeiten, um ein Pferd **scheusicherer** zu machen bei Dingen, die neben, über oder auf ihm sind.

Beispiele:

- Fähnchen, Luftballons, Plastikplane, knisternde Tüten, flatternde Stoffe ... werden an der Umzäunung des Longierplatzes befestigt.
- Spielende Kinder, Autos, Trecker, winkende Menschen, freilaufende Hunde agieren neben dem Reitplatz.
- Wir durchschreiten gemeinsam einen breiten Flattervorhang.
- Packtaschen oder eine raschelnde Plane werden am Sattel befestigt.

Hier soll das Pferd möglichst unbeirrt, ganz in Ruhe an der Longe gehen, voll konzentriert auf den Ausbilder, gehorsam und fleißig.

Dies ist so leicht geschrieben bzw. gelesen. Bis dahin ist es aber ein sehr weiter Weg, der zu immer größerem Vertrauen von Pferd und Mensch zueinander führt.

Wir fangen an: Anlongieren eines Jungpferdes

Alter und Entwicklungsstand

Grundsätzlich sollte man mit dem Longieren eines Jungpferdes **nicht zu früh** beginnen. Frühestens mit zweieinhalb Jahren, besser erst mit drei Jahren ist ein Pferdekind zu dieser Arbeit heranzuziehen. Viele Pferderassen gelten als Spätentwickler und werden erst mit vier Jahren in die Ausbildung genommen.

Körperlich sollte es schon gut entwickelt und recht kräftig sein, denn Longieren bedeutet erstes richtiges körperliches Training für das Pferd.

Gerade wenn man sein Jung- und Zukunftspferd für sich selbst ausbildet, könnte man sich eigentlich ein bißchen Zeit lassen. Ein Reitpferd, das nicht zu früh verschlissen wird, ist durchaus noch mit fünfzehn bis zwanzig Jahren gut reitbar. Was bedeutet dann ein halbes Jahr Wartezeit zu Beginn des hoffentlich langen und gesunden Reitpferdelebens?

Gute Bodenarbeit als Voraussetzung

Bevor der kleine Pferdeschüler zum ersten Mal an die Longe genommen wird, ist es günstig, wenn er schon eine gewisse Erziehung an der Hand genossen hat. Von beiden Seiten läßt er sich gut führen, sowohl im Schritt als auch im Trab, natürlich mit gewissem Abstand zum Menschen, frei neben ihm hergehend. Aus beiden Gangarten ist er mit einem Stimmkommando zu verlangsamen und anzuhalten, ohne daß der Mensch sich vor die Brust des Pferdes stemmen oder kräftig am Halfter oder an der Führkette zerren muß.

Im täglichen Umgang hat das Pferd seinen Menschen schon als Herdenboß kennengelernt, der ruhig und lieb, aber auch konsequent ist. Im Idealfall ist die Dominanzfrage also schon einmal geklärt worden, und das Pferd hat Vertrauen zu seinem Ausbilder.

Zur Vertrauensarbeit vom Boden aus gehört – ganz wichtig – auch die **Gewöhnung an die Gerte und Peitsche**. Überall am Körper läßt sich das Pferd mit der Gerte oder auch mit der deutlich längeren Peitsche berühren, ohne in Panik zu geraten. Es kann immer wieder passieren, daß man beim Longieren die Peitsche einmal unachtsam hält und zum Beispiel beim Anschnallen der Ausbinder das Pferd damit berührt. Dann sollte das Pferd nicht in wilder Hektik flüchten! Dies bedeutet aber nicht, daß bei der eigentlichen Arbeit das Pferd das Zeichen der leicht angehobenen Peitsche anschließend ignoriert.

Geduld, Vorsicht und kleine Lernschritte

Kein Pferd hat das Wissen über die zukünftigen Longierwünsche des Menschen bereits mit der Fohlenmilch aufgesogen. Viele anfängliche Probleme resultieren daher, daß das Pferd den Menschen und seine Absichten schlichtweg nicht versteht. Hier sollte derjenige, der sich an die erste Longierausbildung eines jungen Pferdes macht, schon ein gewisses Maß an Erfahrung mit dem Longieren und mit unterschiedlichen Pferden mitbringen.

Der Ausbilder muß erkennen können, ob der kleine Longierkandidat nicht versteht oder es (noch) nicht kann oder es einfach nicht will. Im ersten Fall ist viel Geduld erforderlich, so lange zu versuchen und zu üben, bis das Pferd das Geforderte versteht. Im zweiten Fall muß weiter trainiert und gymnastiziert werden, bis das Pferd das Geforderte leisten kann. Im dritten Fall muß zunächst der Gehorsam wiederhergestellt werden.

Grundsätzlich ist immer an die Belastung der jungen, untrainierten Beine auf dem **Kreisbogen** zu denken. Ganz langsam

Erste Übergänge

Bei den ersten Übergängen vom Schritt zum Trab kann man von einem jungen Pferd in der Regel kein harmonisches, sanftes Gleiten in die nächste Gangart erwarten. Einige Pferde hüpfen fast in den Trab und rennen erst einmal etwas hektisch los. Erst ganz allmählich kann hier mehr Ruhe und Elastizität geübt werden. Andererseits erfolgt der Übergang vom Trab zum Schritt zu Anfang stockend. Es darf einen Moment dauern, bis das Pferd wieder Schritt geht. Meist stocken sie dann erst in dieser Gangart, und man muß sofort mehr treiben, bis der Schritt wieder fleißig und schreitend ist. Dies ist die körperliche Komponente, wo einfach ein gutes Stück Gymnastizierung zu erarbeiten ist.

Absolut aufpassen muß man, wenn der kleine Longierschüler sich allzu sehr bitten läßt, bis er sich zur nächsten Gangart bemüht. Er soll nicht nur verstehen, was das Kommando »Teerrrabbb« bzw. »Scheeeriiiitt« in etwa bedeutet, sondern auch, daß dies wirklich nicht nur ein frommer Wunsch des Ausbilders, sondern ein Befehl ist.

Gerade in den ersten Longenlektionen legen wir den Grundstein für die weitere sensible, prompte und gehorsame Mitarbeit unseres Pferdes, die wir uns für das spätere Reiten wünschen. Dauernde erfolglose Versuche mit nur sanften, leichten Hilfen stumpfen das Pferd ab und zeigen ihm, daß man diesen Menschen an der Longe gar nicht so ernst nehmen muß. Hier heißt es: kurzzeitig energisch sein, dem Pferd zeigen, daß Peitsche und Kappzaum nicht nur zur Zierde da sind (siehe Kapitel: Die Grundlagen). Das Pferd darf von seinem Ausbilder durchaus beeindruckt sein. Die meisten Pferde arbeiten dann auf einmal ganz lieb mit. Natürlich muß der Ausbilder sich ab sofort auch wieder um sanfte und leichte Hilfen bemühen.

steigert man die Dauer der Arbeit, angefangen bei 10 Minuten im Schritt und Trab.

Vorsicht, wenn der kleine Schüler an der Longe toben will. Hierbei ist die Gefahr für Verletzungen an den Beinen enorm groß. Deshalb darf man dies auf keinen Fall durchgehen lassen.

Wir haben es mit einem jungen Pferd zu tun. Erst mit 7 Jahren ist ein Pferd ganz ausgewachsen. In einigen Ländern werden sie bis dahin noch als Fohlen bezeichnet. Die wenigsten »Fohlen« können sich zu Beginn der Ausbildungsarbeit länger als **maximal 10 Minuten** konzentrieren. Wenn wir also gute und

Das Pferd will weglaufen: Ungehorsam oder Angst?

Nicht jedes Pferd findet die Vorstellung angenehm, in einem Kreis um seinen Ausbilder herumzulaufen. Gerade wenn die Anforderungen an Mitarbeit und körperliche Leistung allmählich höher werden, mit Übergängen und kontinuierlichem Trabtempo zum Beispiel, sagt manch ein Pferd gelegentlich »Nein« dazu.

Den Entschluß des Pferdes, die Longierveranstaltung nun schleunigst zu verlassen, sollte man im Ansatz erkennen können und mit einem entschiedenen Gegenhalten bis zum herzhaften Rucken am Kappzaum im Keim ersticken. Ist das Pferd bereits ein Stück weit auf dem Weg, so hilft es nur, für einen kurzen Moment richtig nachzugeben, um im nächsten Augenblick wirklich kräftig anzunehmen. Es gehört eine gewisse körperliche Kraft dazu, das Pferd absolut nicht loszulassen.

Wenn man so leichtsinnig gewesen ist, zu versuchen, sein Pferd mit einem Halfter zu longieren, so hat man spätestens jetzt verloren. Wenn es dem Pferd gelingt, sich wirklich loszureißen, so wird es dies bald wieder versuchen, bis es sich gar nicht mehr longieren läßt. Leider hilft dann manchmal nur noch ein kräftiger, entschiedener Einsatz eines starken Menschen mit einem ungepolsterten spanischen Kappzaum.

Gerade wenn es zu einem solchen »Kampf« gekommen ist, und wir unseren Wildling überzeugt haben, daß es doch besser ist, bei uns zu bleiben, sollten wir danach wirklich lieb, ruhig und nur noch kurz weiterarbeiten. Keinesfalls dürfen wir das Pferd jetzt »schikanieren« und ihm so richtig die Leviten lesen. Für seinen Ungehorsam ist es deutlich und sofort gestraft worden. Jetzt müssen wieder Ruhe und Frieden einkehren. Im Guten sollten wir nur noch ein wenig arbeiten und bald zum Ende kommen.

Achtung: Anders verhält es sich, wenn das Pferd aus Angst wegstürmt. Dies passiert meist ganz zu Anfang, bei den allerersten Longierlektionen. Einerseits kann man noch einmal zu Bodenarbeit und Vertrauensbildung zurück, um damit die Grundlagen für angstfreies Longieren zu schaffen.

Andererseits gilt es, dem Pferd Vertrauen zu geben, in den Ausbilder und die Anforderungen. Hier beruhigt man das Pferd mit der Stimme, hält die Peitsche absolut tief und ruhig und holt das Pferd mit sanftem Zupfen am Kappzaum zurück. Treibende Hilfen werden ganz sanft und vorsichtig eingesetzt. Es wird viel gelobt, nur kurz gearbeitet und bald in Ruhe aufgehört.

konzentrierte Zusammenarbeit von unserem Jungpferd verlangen, sollten wir unsere Arbeit jeweils im Guten beenden, bevor es wegen nachlassender Konzentrationsfähigkeit einfach nicht mehr gut mitarbeiten kann. Dazu gehört, daß wir in kleinen Lernschritten vorgehen, die innerhalb so kurzer, aber intensiver Arbeitszeit realistisch erreichbar sind.

Achtung: Wenn das Pferd den Platz, auf dem wir regelmäßig longieren werden, noch nicht kennt, sollten wir es zu Anfang kurz damit vertraut werden lassen. Ganz in Ruhe wird es einmal herumgeführt und darf sich die Umgebung anschauen. Um so konzentrierter ist es danach bei der gemeinsamen Arbeit!

Auch wenn unser junger Auszubildender schon gute Bodenarbeit hinter sich hat, so sollte man trotzdem auf Frechheiten und Widersetzlichkeiten gefaßt sein. Longieren stellt allmählich höhere Anforderungen an das Pferd.

Behutsam, aber entschieden muß man ungehorsame, widersetzliche Pferde überzeugen, daß sie eben doch müssen. Natürlich mit anschließendem Lob, wenn sich der Trotzkopf überzeugen ließ. Hier wird der Grundstein gelegt für bzw. gegen weitere Protestversuche gegen jegliche neue, ungewohnte oder auch einfach anstrengende Arbeit. Ungeahndeter Ungehorsam zieht bald neue Versuche nach sich, die Autorität des Menschen zu untergraben. Je schneller und absolut der kleine Kämpfer klar versteht, daß auf Dauer nur gute und willige Mitarbeit ihm ein angenehmes Leben verschafft, um so schneller hört das Kämpfen auf, und wir haben ein Pferd, das gehorsam und freundlich mitmacht.

Die Basis: Der Zirkel, Übergänge und Anhalten

Wir haben unserem vierbeinigen Longier-Anfänger den Kappzaum aufgelegt und führen ihn an der kurzgefaßten Longe zum Longierplatz. Eine Trense ist zunächst nicht nötig, wie auch der Sattel oder ein Longiergurt.

Die erste Lektion, die das Pferd lernen muß, ist es, im Abstand von ca. 7 bis 10 Metern im Kreis um den Ausbilder zu gehen, fleißig, aber ohne Hektik.

Dazu wählt man wieder als erstes die bessere Seite des Pferdes, das heißt die, wohin sich das Pferd leichter biegt. Meist ist es die Seite ohne oder mit deutlich weniger Mähne.

Mit Unterstützung durch einen fachkundigen Helfer

Etwas leichter ist es, wenn bei den allerersten 2–3 Malen der Longenarbeit ein fachkundiger Helfer mitmacht. Dieser übernimmt die Führung des Pferdes an der Longe. Er steht in der Mitte des Zirkels, dreht sich auf einem kleinen Kreis mit und ist dafür verantwortlich, die Verbindung zum Pferd über den Kappzaum gleichmäßig leicht anstehend zu halten. Wird das Pferd auf der linken Hand gearbeitet, so hat er die Longe mit der Verbindung zum Pferd in der linken Hand, die aufgerollten Schlingen der restlichen Longe in der rechten Hand, ganz normal wie bei der üblichen Longenhaltung.

Der Helfer in der Mitte bezieht seine korrekte Longenposition, etwa auf Schulterhöhe des Pferdes. Man selbst führt das Pferd im ruhigen Schritt von ihm weg auf den Zirkel hinaus, hinter der Longe gehend. Die Peitsche wird zunächst noch nach hinten in der linken Hand gehalten. (Wir starten auf der linken Hand!) Dabei läßt der Helfer die Longe allmählich länger werden, immer mit stetigem, aber sanftem Kontakt, ohne daß die Longe durchhängt oder sogar auf dem Boden schleift. (Stolpergefahr für denjenigen, der das Pferd außen führt!)

Zunächst wird nur im Schritt gearbeitet. Für eine bis zwei Runden verbleibt man neben dem Kopf des Pferdes und geht die äußere Kreislinie dort mit. Allmählich entfernt man sich von dort mehr zur Kruppe des Pferdes und etwa auf die Hälfte des Abstandes zwischen Pferd und Longenhalter. Die Peitsche wird hinter dem Rücken entlang herumgeführt und in die rechte Hand genommen. Nah der Kruppe des Pferdes wird sie dann treibend auf einer Höhe zwischen Fessel- und Sprunggelenk gehalten.

Mit energischen Schritten geht man an dieser Position mit im Kreis, das Pferd vor sich hertreibend. Geführt wird es dabei vom Longenhalter in der Zirkelmitte, der sich bemühen muß, das Pferd wirklich auf einem gleichmäßig runden Kreis zu steuern.

Im Idealfall geht das Pferd fleißig im Schritt voran, ohne zu latschen oder zu hetzen. Hier ist ein gewisses Fingerspitzengefühl notwendig, das richtige Maß für das Treiben zu finden, um den Fleiß zu fördern, aber keine Panik wegen der Peitsche oder der dominanten Führposition aufkommen zu lassen. Vom Treibenden wird hierbei natürlich auch eine gewisse sportliche Fitness verlangt, denn er muß zügig, flüssig und ebenfalls in einem konstanten Kreis mitgehen, wird also auch ein bißchen longiert.

Falls das Pferd zu sehr nach innen drängelt, Richtung Longenhalter, so muß der Treiber sich mehr zum Kopf des Pferdes ausrichten, um das Pferd wieder nach außen zu bringen. Zwischen Pferd und Longenhalter bewegt er sich also an den verschiedenen Longierpositionen, um zu erreichen, daß das Pferd allmählich versteht, daß es auf dem äußeren Zirkel gehen soll.

Wenn das Pferd verstanden hat und relativ gleichmäßig auf dem Zirkel geht, so wird vorsichtig vermehrt getrieben, um zum Trab zu kommen. Nach guter vorbereitender Bodenarbeit sollte dies mit der Stimme fast schon gelingen, sonst hilft man mit der leicht angehobenen Peitsche nach. Bei korrekter Reaktion des Pferdes muß richtig gelobt werden. Nach nur wenigen Runden im Trab wird vorsichtig wieder zum Schritt durchpariert, mit der Stimme und möglicherweise verstärkt durch Klingeln oder Zupfen am Kappzaum. Der Treibende muß sich dazu vielleicht etwas mehr vom Pferd entfernen und zurückbleiben. Wichtig ist, daß das Pferd eindeutig versteht, was es soll.

(Zu beachten ist hier auch die Kondition von Pferd und Mensch. Meist hält der Mensch nicht zu viele Runden durch, vor allem, wenn der Boden etwas tiefer und weicher ist.)

Dasselbe wird noch ein- bis zweimal geübt. Hierbei sollte der Treibende versuchen, sich allmählich mehr dem Longenhalter anzunähern und dabei vom Pferd zu entfernen. Ziel ist es, daß der Longenhalter dann auch die Peitsche übernehmen kann, um in Zukunft das Pferd allein zu arbeiten. Bis dahin kön-

Auf einer Seite dreht das Pferd um

Wir beginnen die Longenarbeit auf der vermeintlich besseren Seite des Pferdes. Hier ist es meist williger, vermag leichter im Takt zu gehen, die Biegung fällt leichter, und es wird schneller locker und entspannt sich. Nur sehr selten versucht ein Pferd auf der »Schokoladenseite« umzudrehen, um andersherum zu laufen.

Ganz anders ist es dann auf der als zweites gearbeiteten »schlechteren« Hand. Hier fällt die Biegung mitunter sehr schwer, der klare Takt in den Gangarten ist nur mühsam zu erarbeiten. Meist liegt die wirkliche Ursache des Problems bei der dann äußeren Seite des Pferdes, die jetzt gedehnt werden muß.

Manche Pferde wehren sich gegen diese Dehnung und drehen auf der äußeren Zirkellinie einfach um, um wieder in der angenehmeren Biegung zu gehen. Der Sinn des Longierens ist aber die gleichmäßige Gymnastizierung des Pferdes. Daher müssen wir natürlich auch – später sogar ein wenig mehr – auf der »schlechteren« Seite des Pferdes arbeiten.

Um diesem Ungehorsam zu begegnen, müssen wir enorm reaktionsschnell sein. Mit etwas Erfahrung sollte es gelingen, den Ansatz zum Umkehren rechtzeitig zu erkennen. Blitzschnell muß man dann treibend auf der Höhe der Kruppe halb hinter das Pferd treten und es weiter vorwärts schicken, deutlich und unnachgiebig (siehe: Longierpositionen im Kapitel: Die Hilfen). Kurzfristig kann man dann auch noch einmal einen fachkundigen Helfer bitten, zwischen Longenhalter und Pferd wieder als Treibender zu agieren, wie bei den allerersten Longenlektionen mit einem jungen Pferd.

Ist es dem Pferd gelungen, wirklich umzudrehen, so muß es schleunigst angehalten werden. Ruck-Zuck wird umgedreht und im zügigen Trab weitergearbeitet. Hier ist absolute Schnelligkeit gefordert, um das Pferd nicht auch noch mit einer gemütlichen Pause für seinen Ungehorsam zu belohnen. Dem Pferd muß der Spaß an diesem Unsinn wirklich vergehen!

Natürlich arbeiten wir das Pferd nun nicht endlos lange auf dieser Hand, die ihm anfänglich so schwer fällt. Nach 5 bis maximal 10 Minuten braver Mitarbeit im Schritt und Trab hören wir mit viel Lob auf.

nen je nach Pferd einige Tage mit regelmäßigem Üben vergehen.

Wenn diese ersten Lektionen auf der »besseren« Hand gelungen sind, wird das Pferd vorsichtig außen auf der Zirkellinie angehalten, um dann die Hand zu wechseln.

Zum Handwechsel kommt auch der Longenhalter zum Pferd auf die Zirkellinie heraus. Vom Treibenden wird das Pferd außen in einem kleinen Kreis gewendet. Der Longenhalter nimmt anschließend wieder seinen Platz in der Mitte des Zirkels ein, die Longe korrekt haltend.

Der Treiber führt das Pferd auch auf der neuen Hand zunächst am Kopf ein bis zwei Runden. Dann geht er wieder zu seiner treibenden Position nahe der Kruppe, zwischen Longenhalter und Pferd, die Peitsche etwas hinter das Pferd haltend. Es werden wieder einige **Über-**

Das Pferd dreht sich zur Mitte

Manchen Pferden fällt es bei den ersten Longenarbeiten schwer, zu verstehen, daß sie jetzt vom Menschen so weit entfernt bleiben sollen. Bei der Bodenarbeit waren sie doch auch näher bei ihm!

Hier kann man sich am besten von einem fachkundigen Menschen helfen lassen, der zum Beispiel als Treibender agiert, bis das Pferd die neue Anforderung verstanden hat.

Ohne Helfer darf man das Pferd keineswegs loben und womöglich noch mit einem Päuschen belohnen, wenn es nun zu einem in die Mitte gekommen ist. Im Gegenteil: blitzschnell muß man die Absicht seines Pferdes erkennen und, zur Kruppe tretend, vermehrt von hinten wieder vorwärts treiben.

Am schnellsten passiert der Fehler im Schritt. Wenn ich den Ansatz erkenne, lasse ich das Pferd sofort antraben. Mit gewisser Konsequenz kriegt man dieses Problem so recht schnell in den Griff.

gänge Schritt – Trab und Trab – Schritt gefordert, natürlich mit klaren und deutlichen Kommandos und ganz viel Lob, wenn das Pferd richtig reagiert. Zum Abschluß folgt noch ein Anhalten auf der äußeren Zirkellinie.

Diese ersten Longieranfänge sollten nicht länger als 10 bis 15 Minuten dauern. Je kürzer und schneller erfolgreich, um so besser. Gerade wenn diese Anfänge auf Anhieb gelingen, sollte man schnell und im Guten aufhören, um so motivierter bleibt das Pferd.

Ohne Unterstützung durch einen Helfer

Wenn ich keinen fachkundigen Helfer habe, der die Rolle des Longenhalters oder des Treibenden einnimmt, so muß ich mein Pferd allein dazu bringen, die äußere Zirkellinie einzuhalten.

Entscheidend dabei ist es, reaktionsschnell immer die richtige Position zum Pferd einzunehmen, um es regelmäßig von hinten zu treiben, auf einem annähernd gleichmäßig runden Zirkel zu halten und im Tempo zu regulieren.

Ich muß also die Aufgabe beider, des Longenhalters und des Treibers, übernehmen.

Bei der Arbeit auf der linken Hand (wieder als Beispiel) nehme ich ganz normal die Peitsche in die rechte Hand, sowie auch die Schlingen der noch aufgerollten Longe. In der linken Hand habe ich nur das Pferd an der noch kurzen Longe. Die Peitsche halte ich vor mir, mit der Spitze hinter das Pferd zeigend, etwa auf Höhe des Fesselgelenkes.

Ich drehe mich um, mit dem Blick zur Kruppe des Pferdes, und trete auf die Kruppe des Pferdes zu. Dabei läßt man die Longe länger werden und dreht sich zum Pferd, mit der etwas angehobenen Peitsche das Pferd von sich wegtreibend. Ohne Rucken wird die Longe so lang durch die Hand gleitend verlängert, bis das Pferd weit genug auf den Longierzirkel hinausgetreten ist. Dies soll in ruhigem, entspanntem Schritt stattfinden.

Anders als bei einem an der Longe schon gut ausgebildeten Pferd bleibe ich hier näher am Pferd, nahe der Kruppe in treibender Position, und muß deshalb einen recht **großen inneren gleichmäßigen Zirkel mitgehen.** Die Verbindung zum Pferd über den Kappzaum muß sanft und stetig bleiben.

Nachdem mein Pferd die erste Lektion – runder großer Zirkel – verstanden hat, lasse ich es vorsichtig antraben, wieder mit Stimmhilfe, nur verstärkt durch die leicht angehobene Peitsche. Vorsicht ist geboten, wenn ich jetzt mit dem Pferd auf dem inneren Zirkel mitlaufen muß. Manche Pferde erschrecken sich, wenn der Mensch auf einmal so forsch neben ihnen mitläuft, zumal wenn das ruhige Halten der Peitsche nicht immer gleich gelingt. Hier macht man es sich einfacher, wenn man versucht, einen möglichst kleinen Zirkel fast schon in der Mitte zu gehen. Ziel ist es ja, zügig dazu zu kommen, ruhig in der Mitte stehen zu können. Nach einigen Runden Trab pariert man bald wieder zum Schritt durch: mit der Stimme, mit Klingeln, Zupfen, bis möglicherweise Rucken am Kappzaum. Das Pferd muß schon merken, daß man es auch ernst meint, ohne das Pferd damit zu überfordern, daß man absolut prompte Reaktionen fordert. Das kommt erst später. Zwei- bis dreimal übt man die Übergänge Schritt – Trab und Trab – Schritt. Dann läßt man das Pferd anhalten, natürlich auf der äußeren Zirkellinie.

Zum Handwechsel führt man das Pferd in einem kleinen Kreis auf die neue Hand und beginnt wieder mit der Zirkelarbeit und einigen Schritt – Trab-Übergängen.

Achtung: Das erste Anlongieren – die beschriebene Basis – ohne Helfer ist wirklich nur für erfahrene Longierer zu empfehlen. Es ist immer schwierig, wenn beide – Pferd und Mensch – eine neue Arbeit beginnen, die bisher keiner von ihnen beherrscht.

Noch mehr Neues: Kennenlernen von Gurt und Sattel

Für die ersten 3–5 Male Longenarbeit wird das Pferd nur mit dem Kappzaum ausgerüstet. Bei einem halfterführigen Pferd dürfte das nicht zu problematisch sein. Wichtig ist hierbei, daß der Kappzaum wirklich stramm geschnallt wird, um nicht auf der Nase zu verrutschen oder sogar mit den Backenstücken den Augen jeweils zu nahe zu kommen.

Ist das Pferd nach einigen Tagen regelmäßiger Übung mit den ersten einfachen Longierlektionen und diesem neuen Training vertraut, so kann man als nächstes einen Longiergurt auflegen. Vielen Pferden fällt es leichter, sich erst einmal mit der leichteren Gurtung des Longiergurtes abzufinden, bevor dann nach einigen weiteren Tagen dieser durch einen Sattel ersetzt wird. Wie schnell man dabei vorgeht oder wie langsam und behutsam man arbeitet, hängt natürlich auch vom Pferd ab. Ängstliche Pferde können schon mit einem leichten Longiergurt auf einmal vor Schreck nicht mehr laufen oder buckeln wie wilde Rodeo-Pferde. Andere Typen scheinen den ungewohnten Sattel auf dem Rücken kaum zu bemerken.

Ein kleiner schwarzer Knabstrupper, den ich eingeritten habe, blieb nach dem

Tip zur Vorsicht: Das erste Auflegen von Gurt oder Sattel

Zum ersten Auflegen des ungewohnten Gurtes oder des Sattels sollte man auch an die Sicherheit der beteiligten Menschen denken: Man wählt einen rundum freien Platz etwa in der Mitte des Longierplatzes. Nur so wird sicher verhindert, daß man möglicherweise in die Enge zwischen Pferd und Bande, Wand oder Zaun gerät, wenn das Pferd sich doch zur Seite wegdreht oder einen unbedachten Schritt tut.

Natürlich trägt man hufesichere Schuhe, also nicht etwa leichte Sandalen, oder ist sogar barfuß. (Alles schon gesehen und mit Grausen beobachtet!)

Die ganze Aktion sollte sachlich und ruhig, aber zügig erfolgen. Das heißt, das sichere Hochschnallen der Steigbügel, das Einkammern der Satteldecke oder die Wahl eines Gurtes in richtiger Länge ist bereits erfolgt, bevor man den Sattel auf das Pferd legt. Natürlich muß man von Anfang an vom Pferd fordern, daß es geduldig stillsteht, nur sollte man die Geduld bei den ersten Malen nicht zu sehr ausreizen.

Später wird hier mehr gefordert, um ein gut stillstehendes Pferd zu erziehen. Gelassen und aufmerksam soll es dann abwarten, bis wir zum Beispiel zum Reiten die richtige Bügellänge eingestellt und nachgegurtet haben.

Wenn wir bereits Ausbinder am Longiergurt oder Sattel befestigt haben, die aber noch nicht sofort in die Trensenringe geschnallt werden, ist darauf zu achten, daß sie nicht möglicherweise so weit herunterhängen, daß das Pferd darauf- oder hineintritt.

Satteln anschließend in jeder Gangart immer wieder abrupt stehen, um sich im Hals umzudrehen und zu gucken, was denn da wohl auf seinem Rücken ist. Er war ansonsten sehr willig und fleißig, brauchte aber eben zwei Tage, um zu verstehen, daß dies Ding auf seinem Rücken jetzt wohl dazugehörte.

Beim erstmaligen Auflegen des Gurtes oder des Sattels braucht man einen mit Pferden vertrauten Helfer. Nach einigen Minuten Longierarbeit, mit zwei bis drei Schritt – Trab-Übergängen ohne Gurt oder Sattel hält man das Pferd wieder an und hält es fest. Ganz in Ruhe zeigt der Helfer dem Pferd den Gurt oder den Sattel und legt ihn dann behutsam auf. Es wird sanft gegurtet, nicht zu stramm, aber auch nicht zu locker, so daß der Sattel nicht vom Pferd rutschen kann.

Achtung: Manche Pferde starten nach einigen ruhigen Schritten oder spätestens beim ersten Antraben mit der ungewohnten Ausrüstung dann plötzlich fast rodeoartig. Sie rasen los und buckeln. Meist ist der Zauber nach ein bis zwei Runden für diesen Tag ausgestanden, kann aber über einige Zeit immer wiederkehren. Selten gelingt es sofort, dem erschreckten Rasen Einhalt zu gebieten. Zum Schutz der Beine sollte aber möglichst schnell wieder Schritt oder Trab erreicht werden. Nach kurzer Beruhigung und wieder Entspannung im Schritt kann man das Pferd auch wieder antraben lassen. Bei hektischen Pferden muß eine Gewöhnungsphase mit viel Schritt und Halt eingebaut werden. Das beruhigt und schafft bald eine lockerere Atmosphäre.

Nicht wie ein Schnürpaket: Gewöhnung an die Ausbinder

Wenn unser Schüler die ersten Grundbegriffe kennt und sich an den Longiergurt und den Sattel gewöhnt hat, sollte er zusätzlich zum Kappzaum mit einer normalen einfach oder doppelt gebrochenen Trense ausgerüstet werden. Jetzt ist es an der Zeit, ihn mit Ausbindern vertraut zu machen, als Vorbereitung für die spätere Zügelführung beim Reiten oder Fahren.

Die Longenarbeit beginnt wieder mit einigen Runden ruhiger, aber fleißiger Schritt- und Trabarbeit, zuerst auf der besseren Hand. Dann läßt man das Pferd anhalten und geht zu ihm, um die Ausbinder einzuschnallen.

Nachdem die Ausbinder eingeschnallt wurden, arbeitet man ganz normal weiter: gute Schritt – Trab-Übergänge, Anhalten, Handwechsel. Ziel ist es, daß das Pferd jetzt kennenlernt, daß da etwas im Maul ist, mit dem man sich auseinandersetzen kann. Junge, unverdorbene Pferde probieren es richtig aus: Sie kauen, gehen gegen den Zügel an, lassen wieder locker, schwenken den Kopf hin und her.

Die ersten 3–5 Male der Longenarbeit mit den neuen Ausbindern läßt man diese noch möglichst lang. Ganz allmählich verkürzt man sie Stück für Stück, um dazu zu kommen, daß das Pferd lernt, sich sanft daran anzulehnen, bei korrekter Vorwärts-abwärts-Dehnungshaltung. Das Pferd soll dazu im Genick nachgeben, locker werden, sich entspannen und anfangen, von hinten gut unterzutreten.

Nachdem das Pferd sich also auch an die Ausbinder gewöhnt und gelernt hat, regelmäßig auf dem Zirkel zu gehen, fängt man an, weitere Lektionen in die Longenarbeit einzubauen: Zirkel verkleinern und vergrößern, Arbeit auf der ganzen Bahn, alle Möglichkeiten der Übergänge, über Stangen oder Cavaletti treten lassen, etc. Für noch mehr Abwechslung baut man auch einige Trailhindernisse ins Arbeitspensum ein.

Körperlich wird das Pferd gymnastiziert, trainiert, gekräftigt und somit schonend auf seine Anforderung als Reit- oder Fahrpferd vorbereitet.

Tip zur Vorsicht: Das erste Anschnallen der Ausbinder

Beim ersten Anschnallen der Ausbinder wählen wir noch nicht die passende, korrekte Länge, sondern lassen sie so lang wie möglich. Das Pferd soll sich ohne Streß und Verschnürungsangst vertrauensvoll daran gewöhnen. Natürlich dürfen die Ausbinder andererseits nicht so lang sein, daß das Pferd darauf- bzw. hineintreten kann.

Zusätzlich kann man eine sogenannte »Sollbruchstelle« einbauen: ein simples Einmachgummi, mit dem der Ausbinder am Gurt oder am Sattel befestigt wird (siehe Kapitel: Die richtige Ausrüstung). Sollte unser Pferd doch in Panik geraten und die Ausbinderlänge nicht reichen, so gibt das Gummi gut nach oder reißt im Extremfall einfach durch.

Serviceteil

Zum Weiterlesen

BARTZ, J.: Kräuterapotheke für Pferde, Stuttgart 1996

ETTL, R.: Das Einmaleins der Hufpflege, Stuttgart 1997

ETTL, R.: Pferdewissen aus dem Wilden Westen, Stuttgart 1996

GERWECK, G.: Die Psyche des Pferdes, Stuttgart 1997

GERWECK, G.: So bleibt Ihr Pferd gesund und vital, Stuttgart 1995

GOHL, C.: Freizeitpferde selber schulen, Stuttgart 1997

GOHL, C.: Was der Stallmeister noch wußte, Sammelband, Stuttgart 1998

HAINBUCH, F.: Was der Kutscher noch wußte, Stuttgart 1996

KRÄMER, M.: Pferde erfolgreich motivieren, Stuttgart 1998

PENQUITT, N.: Nathalie Penquitts Pferdeschule, Stuttgart 1996

SCHULZE, S.: Pferdehaltung rund ums Jahr, Stuttgart 1997

TELLINGTON-JONES, L. / TAYLOR, S.: Die Persönlichkeit Ihres Pferdes, Stuttgart 1995

Zum Nachschlagen

Erlebnis Pferde

Mit Humor und Verständnis für die großen und kleinen Sorgen der Reiter, vermittelt dieses Buch die erste Stufe auf dem Weg zum ungetrübten Glück auf dem Pferderücken, zur Partnerschaft zwischen Reiter und Pferd.

120 Seiten, 75 Abb.
ISBN 3-440-06935-4

Grundlegende Kenntnisse für alle, die erfolgreich reiten möchten, sei es in Dressur, im Springen oder im Gelände. Kompakt, übersichtlich und mit Schritt-für-Schritt-Anleitungen.

143 Seiten, 109 Abb.
ISBN 3-440-06934-6

kosmos

Bücher • Videos • CDs • Kalender

zu den Themen : Natur, Garten- und Zimmerpflanzen, Astronomie, Heimtiere, Pferde, Kinder- und Jugendbücher, Eisenbahn/Nutzfahrzeuge